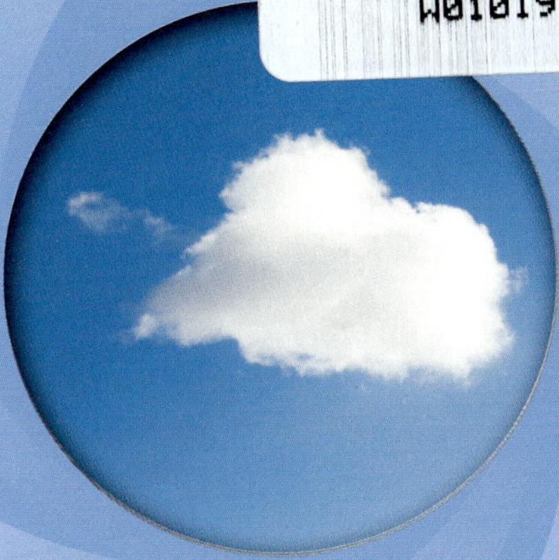

Die 50 besten Stress Killer

■ Meine Work-Life-Balance finden

INHALT

- 8 Guten Stress: Gibt es ihn wirklich?
- 9 **Es lebe der gute Stress**

- 16 Die 50 besten Stresskiller
- 17 **Wege aus chronischem Stress**
- 19 **Bewegung und Sport**
- 22 Buchen Sie eine Stunde Personal Training
- 24 Kaufen Sie sich einen Schrittzähler
- 25 Machen Sie »meditatives Ausdauertraining«
- 26 Erlernen Sie einen Kampfsport
- 27 Belegen Sie einen Tanzkurs
- 28 **Entspannung und Achtsamkeit**
- 29 Augen zu und lächeln
- 31 Streicheln Sie ein Tier
- 32 Hören oder lesen Sie ein Buch über Entspannung
- 34 Schauen Sie sich einen See an
- 36 Verschenken Sie etwas
- 37 Buchen Sie einen Yogakurs
- 38 Sex!
- 39 Nehmen Sie ein heißes Duftbad
- 40 Schauen Sie sich ein Album mit Urlaubsbildern an
- 41 Kreieren Sie einen positiven Glaubenssatz
- 43 Gehen Sie in die Stadt, ohne etwas kaufen zu wollen
- 45 Schlafen Sie sich aus
- 46 Buchen Sie ein Wochenend-Hideaway
- 47 Atmen Sie den Stress weg
- 48 Gehen Sie ins Theater
- 49 Sprechen Sie mit einem Freund oder einer Freundin
- 51 Backen Sie einen Kuchen
- 52 Schauen Sie Ihrem Kind beim Spielen zu
- 53 Lauschen Sie einem Konzert über Kopfhörer
- 54 Schauen Sie einen Film von Anfang bis Ende

Inhalt

- 55 Erlernen Sie eine Biofeedback-Methode
- **57 Ernährung und Nahrungsergänzung**
- 58 Nehmen Sie Vitamin D zu sich
- 60 Essen Sie eine Banane
- 61 Gönnen Sie sich einen Magnesium-Trunk
- 62 Essen Sie Walnüsse
- 64 Lassen Sie ein Stück Schokolade auf der Zunge zergehen
- 65 Trinken Sie eine heiße Honigmilch
- 66 Die Kraft des Lavendels
- **68 Zeitmanagement und Work-Life-Balance**
- 69 Planen Sie Ihre Zeit
- 71 Legen Sie einen elektronikfreien Tag ein
- 72 Sagen Sie einen Termin ab
- 73 Werfen Sie etwas weg
- 74 Führen Sie Tagebuch
- 75 Kürzen Sie Ihre To-do-Liste
- 76 Räumen Sie einen Platz in Ihrer Wohnung auf
- 78 Machen Sie keine Schulden
- 79 Gehen Sie vor der Zeit zum Friseur
- 80 Planen Sie Ihren Urlaub lange im Voraus
- 82 Setzen Sie sich ein Ziel
- 83 Kaufen Sie sich einen Scanner
- 85 Machen Sie einen Gesundheits-Check
- 86 Buchen Sie eine Coaching-Stunde
- 87 Geben Sie ein Amt auf
- 89 Handeln Sie antizyklisch
- 90 Zelebrieren Sie einen »Tag der Unordnung«
- **91 Selbsttest: Wie gestresst bin ich wirklich?**

VORWORT

Liebe Leserinnen und Leser!

Damit Ihr Wunsch, ein stressfreies Leben zu führen, nicht wieder neuen Stress erzeugt, möchten wir an den Anfang unseres Buches gerne eine Botschaft stellen: Es ist völlig in Ordnung, Stress zu haben.

Dieser Satz hat nicht nur den angenehmen Nebeneffekt, für Entspannung zu sorgen, sondern er stimmt auch. Mehr noch, er enthält eine fundamentale wissenschaftliche Wahrheit. Ohne Stress wäre das Leben nicht nur um einiges langweiliger, es wäre schlicht unmöglich. Mehr noch: Es ist nicht nur in Ordnung, Stress zu haben, es ist überlebenswichtig.

Unser Stresssystem hat sich im Laufe der Evolution schon sehr früh entwickelt. Es macht uns wacher, aufmerksamer und leistungsfähiger; ansonsten wären wir den kleinsten Herausforderungen des Lebens nicht gewachsen. Unsere wichtigsten Stressorgane sind die Nebennieren. Dort werden die Stresshormone Adrenalin und Cortisol produziert.

An dieser Stelle kommt – wie immer in der Medizin – die Frage der Dosis ins Spiel. Wir alle wissen, wie es einem Menschen ergeht, der über längere Zeit zu viel Cortison bekommt. Cortison ist ein naher Verwandter des Stresshormons Cortisol mit exakt den gleichen Wirkungen. Menschen unter einer hoch dosierten Cortison-Dauertherapie sehen nicht gesund aus und sind es auch nicht. Das gilt auch für Menschen, die dauerhaft zu viel Stress ausgesetzt sind.

Es geht nicht darum, den Stress auf Null herunterzufahren, sondern darum, ihn auf ein gesundes Maß zu reduzieren. Dieses Buch will Sie dabei unterstützen. Sie werden danach gegriffen haben, weil Sie Entspannung, Loslassen und Achtsamkeit noch nicht wie ein buddhistischer Mönch beherrschen.

Gefühlt befinden Sie sich vielleicht irgendwo zwischen Dauerstress und Burn-out. Zumindest haben Sie die Angst, dorthin abzugleiten, wenn alles so weitergeht wie bisher. Chronischer Stress und Burn-out sind keine Modeerscheinungen, sondern sehr häufige und zudem gut messbare Zustände von Körper und Seele, die großes Krankheitspotenzial in sich tragen.

Zeit also, um zu handeln. Dabei geht es nicht – oder nicht nur – um die großen systematischen Lösungen, die einschneidenden Veränderungen, die Sie in Ihrem Leben vornehmen müssen. Stressreduktion (oder »Stressintelligenz«, wie wir das an anderer Stelle genannt haben) ist vor allem ein Konzept der kleinen Schritte. »Ein kleiner Schritt für Sie heute, ein großer Schritt

Vorwort

für Ihr ganzes Leben« könnte das Motto dieses Buches lauten.

Es geht um viele kleine, den Stress reduzierende Schritte. Jeder der 50 Stresskiller bringt eine spürbare Verbesserung Ihres Lebens mit sich. Vereint bewirken sie eine dauerhafte Reduktion Ihres Stressniveaus auf ein gesundes Maß.

Zu viel Stress ist kein Schicksal, sondern eine Herausforderung. Nehmen Sie diese Herausforderung an. Lesen Sie dieses Buch in aller Ruhe von vorne nach hinten durch. Oder schlagen Sie es an einer beliebigen Seite auf und wenden Sie den dort vorgestellten Stresskiller spontan an. Der Lohn wird nicht lange auf sich warten lassen: Sie werden sich umgehend besser fühlen. Wiederholt und in Kombination mit nur drei weiteren Stresskillern angewendet, wird dieser Effekt dauerhaft sein. Nach einiger Zeit werden Sie feststellen, dass sich etwas verändert hat. Und zwar eindeutig zum Besseren.

In diesem Sinne wünschen wir Ihnen ein entspanntes Leseerlebnis.

Hamburg, im August 2012

Prof. Dr. med. Christoph M. Bamberger
Dr. med. habil. Ana-Maria Bamberger

Guten Stress:
Gibt es ihn wirklich?

Es lebe der gute Stress

Eine gewisse Basis-Stressreaktion ist überlebenswichtig. Was aber ist mit dem Stress, der darüber hinausgeht? Stress, den wir fühlen können? Ist dieser »gefühlte Stress« in jedem Fall schädlich, oder kann er auch gut für uns sein?

An dieser Stelle wollen wir uns kurz mit der Frage beschäftigen, was Stress überhaupt ist. Stellen Sie sich vor, Sie sind mit dem Auto unterwegs zur Arbeit. Es ist Rushhour, und Sie kommen nur schrittweise voran. Sie sind etwas später dran als sonst, da Ihre Tochter, die Sie jeden Morgen bei der Schule absetzen, vergessen hatte, am Vorabend ihren Schulranzen zu packen. Das fiel ihr just in dem Moment ein, als Sie das Haus verlassen wollten. Zeitverlust: fünf Minuten.

Kritisch an einem exakt durchgeplanten Morgen. Die Ampel schaltet auf Grün, doch das vor Ihnen stehende Auto fährt nicht an. Genervt drücken Sie auf die Hupe. Erst jetzt reagiert der Fahrer des ersten Autos. Doch schon springt die Ampel wieder zurück. Drei Minuten vor acht. Um acht Uhr haben Sie Ihren ersten Termin. Wenn von jetzt an alles glatt liefe, wären Sie um fünf nach acht da. Sie beginnen leicht zu schwitzen und bemerken dieses leichte Pochen in den Schläfen. Wenn Sie nicht bald eine Kopfschmerztablette nehmen, wird sich das Ganze zu einer handfesten Migräne entwickeln.

Es lebe der gute Stress

Eine Minute vor acht. Die Ampel springt wieder auf Grün. In der von rechts einmündenden Nebenstraße ist ebenfalls eine Autoschlange. Der Fahrer des ersten Autos macht Ihnen ein Zeichen, dass Sie ihn vorlassen sollen, und fährt an. Sie schütteln den Kopf. Diese Ampelphase müssen Sie erwischen, sonst werden Sie sich noch mehr verspäten. Sie lassen es darauf ankommen und drücken aufs Gaspedal. Sie haben Vorfahrt. Der andere wird schon abbremsen. Tut er aber nicht.

Ein lauter Knall, eine Erschütterung: Der andere Fahrer ist Ihnen vorn rechts in den Kotflügel gefahren. Jetzt steigt er wutentbrannt aus, rennt auf Sie zu. Sie haben Ihre Tür kaum geöffnet, da brüllt er Sie auch schon an, Sie hätten ihm ein Zeichen gegeben (was nicht stimmt), und er habe daraufhin gedacht, Sie würden ihn reinlassen.

Blenden wir uns an dieser Stelle einmal aus. Stress? Ganz sicher. Guter Stress? Wohl kaum. Was genau heißt das? Was ist in Ihrem Gehirn und in Ihrem Körper passiert, als Sie diese, zugegebenermaßen, recht unangenehme Szene durchlebt haben?

Das Stresssystem ist, evolutionsgeschichtlich betrachtet, ein sehr alter Bestandteil unseres Gehirns und unseres Körpers. Die wichtigsten Bestandteile sind
- der Hypothalamus und die Hirnanhangsdrüse (Hypophyse), die in den Tiefen unseres Gehirns nahe der Schädelbasis liegen und schon bei Fröschen vorkommen;
- die beiden Nebennieren, welche die Hormone Adrenalin und Cortisol produzieren.

Dieses System nimmt fortwährend sogenannte Stressoren wahr, also Stressauslöser aus der Umwelt, die dem Gehirn über die Sinnesorgane mitgeteilt werden (äußere Stressoren). Unsere Großhirnrinde hat außerdem die Fähigkeit, sich diese Stressoren auch vorzustellen, sie quasi also selbst zu erzeugen (innere Stressoren).

In unserer kleinen Geschichte von eben kommen gleich mehrere solcher äußeren und inneren Stressoren vor:
- der nicht gepackte Ranzen der Tochter (äußerer Stressor)
- das Warten an der Ampel und das Nichtanfahren des Vordermanns (äußerer Stressor)
- die Vorstellung, welchen Ärger es geben könnte, zu spät zu kommen (innerer Stressor)
- der Unfall (äußerer Stressor)
- das aggressive Auftreten des Unfallgegners (äußerer Stressor)

Führen diese Stressoren automatisch zu Stress? Man ist geneigt, diese Frage zu bejahen. Wer würde in der beschriebenen Situation ganz und gar ruhig bleiben können? Bis vor Kurzem haben das auch Wissenschaftler so gesehen: Der Stressor wird im Großhirn wahrgenommen, die Information über Hypothalamus und Hypophyse an die Nebennieren weitergeleitet, die die Stresshormone Adrenalin und Cortisol ausschütten. Diese Hormone führen zu einer Blutdrucksteigerung (Folge: Kopfschmerzen), zu einer Aktivierung der Schweißdrüsen (Folge: Schwitzen), zu einer Erhöhung der Atemfrequenz, des Blutzuckerspiegels und zu vielen anderen Veränderungen mehr. Das Ganze nennt man dann Stressreaktion.

Diese Stressreaktion ist es, die wir spüren und als Stress wahrnehmen. Dabei gilt: Ein schwacher Stressor (Ampel) führt zu einer schwachen, ein starker Stressor (Unfall plus Aggression) zu einer starken Stressreaktion.

Die Forschung hat in den letzten beiden Jahrzehnten jedoch eindeutig gezeigt, dass es in unserem Gehirn keineswegs so einfach abläuft. Wenn unsere Großhirnrinde nämlich einen Stressor wahrnimmt, verarbeitet sie ihn zunächst, bevor sie ihn an die niederen Hirnregionen wie den Hypothalamus weitergibt. Sie bewertet ihn. Sie verstärkt ihn oder schwächt ihn ab. In genau diesen Verarbeitungsprozess können wir eingreifen – und selbst angesichts starker Stressoren relativ gelassen bleiben.

Einige Menschen sind Naturtalente auf diesem Gebiet – ihnen würde es gelingen, bis zum Ende unserer Geschichte die Nerven zu behalten. Sie sind jedoch die Ausnahme. Die meisten von uns neigen dazu, die auf uns einwirkenden Stressoren überzubewerten und »sich Stress zu machen«, wie es ganz richtig heißt.

Diese Menschen – und die Leser dieses Buches werden wohl zu dieser Kategorie zählen – müssen ihr Stressoren-Verarbeitungssystem trainieren und lernen, die Stressoren abzumildern, sie zu entwerten, sie abzuschwächen, damit die Stressreaktion schwächer ausfällt. Viele der hier vorgestellten Stresskiller setzen genau an diesem Punkt an.

Wie wir nur allzu gut wissen, haben Stressreaktionen die Tendenz, sich zu wiederholen, eine Spirale zu bilden und letztlich chronisch zu werden. Schuld daran ist das bereits erwähnte Stresshormon Cortisol. Während sein Partner, das Adrenalin, schnell wieder abgebaut wird und aus dem System verschwindet, bleibt das Cortisol noch mehrere Stunden nach einer Stressreaktion in unserem Blut und damit auch in all unseren Organen. Kommt es in dieser Zeit zu einer erneuten Stressreaktion, setzt sich das neu freigesetzte Cortisol auf das von der vorherigen Stresssituation verbliebene. Und so weiter und so fort. Ein permanent erhöhter Cortisolspiegel ist eines der zentralen Merkmale chronischen Stresses. Er führt zu Bluthochdruck, Diabetes, erhöhten Cholesterinwerten, schlechter Haut, schwacher Immunabwehr, Depressionen oder Schlaflosigkeit, um nur einige wenige Symptome zu nennen. Grund genug also, um gegenzusteuern.

Tun wir nichts und machen permanent hochtourig weiter wie bisher, laufen wir ernsthaft Gefahr, eine der genannten Symptome oder gar Krankheiten zu entwickeln. »Stress und Hektik spielen eine große Rolle in der Entwicklung einer jeden Krankheit«, wusste schon Hans Selye, der Vater der modernen Stressforschung, der auch den Begriff »Stress« eingeführt hat.

Am Ende von chronischem Stress droht ein Zustand, dessen Name erst seit wenigen Jahren die Runde macht: Burn-out. Burn-out oder das Burn-out-Syndrom ist keine klar definierte Erkrankung. Der Name liefert aber eine ganz gute Erklärung dafür ab, worum es sich handelt: Wenn das Stresssystem ständig aktiviert ist, brennt es irgendwann im wahrsten Sinne des Wortes aus. Statt zu einer permanenten Cortisolüberproduktion kommt es zu einem Cortisolabfall. Plötzlich fühlen wir uns nicht mehr permanent angespannt und unter Strom stehend, sondern abgeschlagen und ohne jegliche Energie. Nicht einmal die einfachsten Verrichtungen wollen uns von der Hand gehen.

Patienten mit einem Burn-out-Syndrom berichten immer wieder, dass sie vor ihrem Schreibtisch sitzen, zum Fenster hinaus starren und nicht einmal die Kraft aufbringen können, das erste Dokument auch nur in die Hand zu nehmen oder auf dem Computer zu öffnen.

Im Medizinischen PräventionsCentrum Hamburg führen wir routinemäßig Messungen des Stresslevels durch und können so klar unterscheiden, ob sich jemand noch in der Phase des chronischen Stresses befindet (Entspannung schlecht, Aktivierung gut, Cortisol hoch) oder bereits Richtung Burn-out abdriftet (Entspannung gut, Aktivierung schlecht, Cortisol niedrig). Getreu dem Spruch: Bist du noch gestresst, oder hast du schon Burn-out?

Unser Buch richtet sich vor allem an Menschen, die sich noch in der Phase des chronischen Stresses befinden. Daraus kann man sich häufig selbst befreien. Ein Burn-out-Syndrom erfordert hingegen meist eine professionelle Unterstützung und unterschiedliche Behandlungsansätze.

Wie lautete noch einmal die Überschrift? Richtig, es sollte um guten Stress, auch Eustress genannt, gehen. Und um die Frage, ob dieser überhaupt existiert. Dazu gibt es erstaunlich wenige Untersuchungen. Das mag daran liegen, dass sich Menschen, die sich für im positiven Sinn gestresst halten, selten in ärztliche oder psychotherapeutische Behandlung begeben.

ES LEBE DER GUTE STRESS

Andererseits wissen wir, dass Menschen, die alles geregelt bekommen, genug Geld, keine Herausforderungen, keine Projekte, aber auch kaum soziale Kontakte haben, weniger glücklich sind als solche, die für durchaus stressvolle Aufgaben gebraucht werden. Auch wenn der Begriff »Eustress« wissenschaftlich nicht definiert ist, liegt guter Stress immer dann vor, wenn

- es sich um Herausforderungen handelt, von denen wir überzeugt sind, sie meistern zu können (im Gegensatz zum Gefühl der Überforderung bei negativem Stress);
- der Stress nicht allzu lange andauert, also im Wesentlichen adrenalin- und nicht cortisolgesteuert ist. Man spricht ja auch von Adrenalin-Junkies. Von Cortisol-Junkies hingegen hat man noch nichts gehört.

Wir alle wollen ein möglichst glückliches Leben führen. Klingt banal, wird aber vielleicht deshalb auch immer wieder vergessen. Einzelne Dinge, die zu einem glücklichen Leben beitragen könnten, werden dann zum Selbstzweck. Mit der Zeit richten wir unser Augenmerk nur noch auf diesen Sekundärzweck, um ihn einmal so zu nennen, übertreiben ihn und entkoppeln ihn vom eigentlichen Zweck. Geld ist das bekannteste und häufigste Beispiel hierfür. Auch Stressreduktion sollte nicht das eigentliche Ziel sein, sondern ein wichtiger Baustein auf dem Weg zu einem glücklicheren Leben.

Negativer Stress, d. h., vor allem chronischer Stress, wird nicht ganz zu vermeiden sein, sollte in einem glücklichen Leben aber eine untergeordnete Rolle spielen.

In diesem Sinn widmen wir uns nun den 50 besten Stresskillern.

Die 50 besten Stresskiller

Wege aus chronischem Stress

Chronischer Stress und Burn-out sind kein Schicksal, sondern ein lösbares Problem – so die zentrale Botschaft dieses Buches. In ihm haben wir einige der wirksamsten Stresskiller für Sie zur regelmäßigen Anwendung zusammengetragen.

Auch wenn es völlig in Ordnung ist, Stress zu haben (selbst der Dalai Lama hat ganz sicher Stress), so sollten wir keinesfalls akzeptieren, chronisch unter Stress zu leiden oder gar in Richtung Burn-out abzugleiten. Dafür ist die Zeit, die wir auf diesem Planeten verbringen, einfach zu kurz und zu kostbar. Wir sollten rechtzeitig gegensteuern. Die gute Nachricht lautet: Das können wir auch. Sehr gut sogar.

Der Weg vom Stressor über dessen Verarbeitung bis hin zur Stressreaktion, zum chronischen Stress und schließlich zum Burn-out ist kein Automatismus. Er kann auf jeder einzelnen Stufe wirksam abgefedert, ja sogar umgekehrt werden.

Auch ein einzelner der aufgeführten 50 Stresskiller hat eine messbare Stress reduzierende Wirkung. Vier regelmäßig angewendete Stresskiller sind lebensverändernd. Niemand kann und muss alle 50 Stresskiller anwenden.

Suchen Sie sich die Stresskiller aus, die am besten zu Ihnen passen. Variieren Sie ruhig von Zeit zu Zeit, geben Sie aber jedem Stresskiller mindestens zwei Wochen Zeit, damit Sie seine Wirkung auf Ihr persönliches Stresssystem richtig einschätzen können.
Alle Stresskiller lassen sich einer der folgenden vier Kategorien zuordnen:
- Stresskiller der Kategorie 1: Bewegung und Sport
- Stresskiller der Kategorie 2: Entspannung und Achtsamkeit
- Stresskiller der Kategorie 3: Ernährung und Nahrungsergänzung
- Stresskiller der Kategorie 4: Zeitmanagement und Work-Life-Balance

Es ist zwar nicht unbedingt notwendig, dass jeder der vier von Ihnen miteinander kombinierten Stresskiller einer anderen Kategorie angehört. Der Gesamteffekt ist allerdings am stärksten, wenn Sie tatsächlich einen Stresskiller aus jeder Kategorie anwenden.

Bewegung und Sport

Bewegung ist einer der wirksamsten Stresskiller überhaupt. Und zwar jede Art von Bewegung inklusive Sport. Schaut man in der Evolutionsgeschichte zurück, dann liegt diese Beobachtung auf der Hand: Unsere Vorfahren mussten binnen Sekunden reagieren, um zu überleben.

Die Natur hat das Stresssystem bekanntlich nicht in den letzten hundert Jahren in einem großstädtischen Umfeld mit Büroarbeitsplätzen (Stichwort »toxisches Sitzen«) und einem permanenten Nahrungsüberangebot entwickelt. Vielmehr hat die Natur das Stresssystem über Jahrmillionen in einer durch ständige Gefahren (wilde Tiere!) und Nahrungsmittelknappheit geprägten Umwelt herausgebildet.

In dieser steinzeitlichen Umwelt bedeutete Gefahr nichts anderes als: Beweg dich! Kämpfe oder flieh (engl. »fight or flight«)! Bleib nicht wie angewurzelt sitzen oder stehen, sonst überlebst du nicht. Für dieses Kämpfen oder Fliehen musste der Körper in Sekundenschnelle Energie bereitstellen.
- Die Atmung musste sich beschleunigen, um mehr Sauerstoff ins Blut zu bringen.
- Das Herz musste schneller schlagen, um mehr sauerstoffreiches Blut durch den Körper zu pumpen.
- Blutzucker und Fettsäuren mussten ansteigen, um Brennstoff für die Muskeln zu liefern.

Kurz: Die Stresshormone Adrenalin und Cortisol mussten ausgeschüttet werden, um genau diese Effekte hervorzurufen. Stress hieß also nichts anderes als Energiebereitstellung. Und diese Energie wurde dann auch verbraucht. Durch den Kampf mit dem Mammut nämlich oder auf der Flucht vor dem Säbelzahntiger. Oder für die stundenlange Suche nach Essbarem.

Und heute? Dieses steinzeitliche Stresssystem tragen wir immer noch in uns. Unsere Gene hatten schlichtweg keine Zeit, sich an die sich so rasant verändernden Lebensbedingungen anzupassen. Dazu bedarf es einiger hunderttausend Jahre. Genetisch sind wir also immer noch Steinzeitmenschen.

Schauen wir uns aber an, wie wir heute auf Stress reagieren, ja gezwungen sind, auf Stress zu reagieren, dann müssen wir feststellen, wie wenig das zu unserem steinzeitlichen »Stresskostüm« passt. Kämpfen oder Fliehen kommt nämlich in heutigen Stresssituationen fast nie infrage, wenn wir nicht negative Konsequenzen befürchten wollen.

Das Beispiel aus dem vorherigen Kapitel illustriert das sehr gut. Wie sinnvoll wäre es für uns gestresste Autofahrer, mit unserem Unfallgegner in eine körperliche Auseinandersetzung zu treten oder auch vor ihm wegzulaufen? Auch am Arbeitsplatz wird von uns erwartet, dass wir uns ruhig verhalten und an unserem Schreibtisch unsere Arbeit erledigen. Oder wie angebracht wäre es, den Chef oder andere Mitarbeiter zu Boden zu ringen, weil sie eine schnippische Bemerkung über unser Zuspätkommen gemacht haben?

Bewegung und Sport

Dabei haben sich in unserem Körper die gleichen Vorgänge abgespielt wie bei unseren Verwandten aus der Steinzeit: Stresshormone hoch, Blutdruck hoch, Blutzucker hoch, Blutfette hoch. Mit dem entscheidenden Unterschied, dass wir diese überschüssige Energie nicht durch Bewegung abbauen.

Stattdessen schädigen der nicht benötigte hohe Blutdruck und die überschüssigen Zucker- und Fettmoleküle unsere Organe. Passiert so etwas immer wieder, werden wir also chronischem Stress ausgesetzt, führt das eines Tages unweigerlich zu ernsten Erkrankungen. Wie kommen wir aus dieser Zwickmühle heraus? Indem wir die Bewegung auf einen späteren Zeitpunkt verschieben. Erfreulicherweise funktioniert das nämlich auch.

Das Stresshormon Cortisol bleibt mehrere Stunden nach einem Stressreiz erhöht und damit auch der Blutdruck, der Blutzucker usw. Wenn wir nach einem anstrengenden und stressreichen Tag einen Spaziergang machen oder eine Runde auf dem Hometrainer strampeln, dann ist das fast ebenso wirksam, als würden wir in der Stresssituation selbst körperlich aktiv werden. Womit wir bei den besten Stresskillern aus der Kategorie »Bewegung« wären.

1 Buchen Sie eine Stunde Personal Training

Analysiert man das Bewegungspensum heutiger Menschen mit einem Schrittzähler, stellt man mehr oder weniger erstaunt fest: Viele Zeitgenossen machen noch nicht einmal 200 Schritte pro Tag! Von ihrer Wohnung zum Auto, vom Auto zum Büro und zurück. Das war's. Oder die Steigerung: vom Sessel zum Kühlschrank, vom Kühlschrank zum Sessel. Fertig. Wobei die Sessel-Variante vielleicht nicht ganz so viel Stress erzeugt wie die Büro-Version.

Eines ist aber sicher: Mit einem derart bewegungsarmen Leben werden die wenigsten glücklich. Zu viele Kalorien stauen sich an, zu viele schädliche Stoffwechselprodukte, zu viele Stresshormone. Also beschließt der Mensch, sich mehr zu bewegen.

Aber wie? Was soll jemand tun, der jahrelang im Standby-Modus verharrt hat und nur die minimalen Grundbewegungen des Alltags absolvieren kann, ohne gleich aus der Puste zu kommen? Soll er einfach losjoggen? Oder sich einen Hometrainer kaufen und losradeln? Welche Bewegung oder welcher Sport passt zu einem Menschen, der sich so lange geschont hat (um es einmal vorsichtig auszudrücken)?

Wir alle haben schon von Teilnehmern eines Marathonlaufs gehört, die plötzlich zusammenbrechen, weil ihr Herz von einer Sekunde auf die andere aufgehört hat zu schlagen. Plötzlicher Herztod heißt das in der Medizin. Häufig steckt ein akuter Herzinfarkt dahinter. Nicht

BUCHEN SIE EINE STUNDE PERSONAL TRAINING

selten hört man dann auch, dass sich derjenige recht kurzfristig entschlossen hat, an diesem Marathon teilzunehmen, nur ein paar Mal trainierte und dann einfach losgelaufen ist.

Unsere eindeutige Empfehlung lautet daher: Wer nach längerer sportlicher Abstinenz wieder aktiv werden möchte, sollte zuerst mit seinem Arzt sprechen und ein paar Untersuchungen machen lassen – darunter mindestens ein EKG in Ruhe und eines unter Belastung sowie ein zusätzlicher Labortest und eine Ultraschalluntersuchung des Herzens und der Halsarterien. Erst wenn der Arzt grünes Licht gibt, kann es losgehen.

Aber wie? Welche Sportart soll man wählen? Und wie stark darf man sich belasten? Fragen über Fragen, die viele davon abhalten, überhaupt in Bewegung zu kommen. Ein Personal Trainer kann Ihnen diese Fragen beantworten. Und wie finden Sie einen Personal Trainer? Erkundigen Sie sich bei Ihrem Arzt oder bei einer der spezialisierten Präventionspraxen in Ihrer Nähe (zu finden unter: www.gsaam.de). Letztere verfügen meist über ein gutes Netz an gut ausgebildeten Personal Trainern. Sprechen Sie mit dem Personal Trainer darüber, was Ihre Ziele sind, welche Sportarten Ihnen liegen und welche Sie sich eher nicht vorstellen können.

Meist geht es in der ersten Stunde auch schon los mit dem Joggen, dem Walken, der Gymnastik oder was immer Sie ausgewählt haben. Sie werden staunen, wie einfach alles geht, wenn Sie sich erst einmal überwunden haben, diesen ersten Schritt zu tun.

Ein Personal Trainer gibt einem das Gefühl, nicht die gesamte Verantwortung für das eigene Bewegungsprogramm allein tragen zu müssen. Und er (oder sie) hilft dabei, nicht zu kneifen. Denn wenn er vor der Tür steht, kann man ihn schlecht unverrichteter Dinge wieder nach Hause schicken …

2 Kaufen Sie sich einen Schrittzähler

Vom sogenannten toxischen Sitzen war bereits die Rede. Unserer Meinung nach fasst dieser Begriff sehr anschaulich zusammen, was in unserer Gesellschaft in puncto Bewegung schiefläuft. Vor allem in der Stressverarbeitung ist das toxische Sitzen sicher die schlechteste Lösung bzw. Teil des Problems selbst.

Wer das Wort Sport nicht gleich in den Mund nehmen möchte und einen Personal Trainer (siehe Nr. 1 »Buchen Sie eine Stunde Personal Training«) für die moderne Variante eines mittelalterlichen Folterknechts hält, sollte es zunächst einmal mit »Bewegung« versuchen. Auf jeden Fall ist der Unterschied zwischen toxischem Sitzen und Bewegung für unser Wohlbefinden bedeutsamer als der zwischen Bewegung und Sport. Schon drei halbstündige Spaziergänge pro Woche sind Gold wert!

Da es uns meist weniger an Erkenntnis als an Motivation mangelt, können wir den einen oder anderen Helfer gut gebrauchen, der uns immer wieder an unsere guten Vorsätze erinnert. Ein solcher Helfer ist z. B. ein Schrittzähler. Wir Menschen neigen dazu, unsere Erfolge quantifizieren zu wollen. »Ich bin heute spazieren gegangen« klingt weniger begeistert als »Ich bin heute spazieren gegangen und habe 3500 Schritte gemacht, 500 mehr als gestern!« Experten empfehlen, man sollte mindestens 10000 Schritte pro Tag machen. Aber schon die Hälfte ist ein grandioser Stresskiller, vor allem wenn man mit unter 200 Schritten pro Tag eingestiegen ist. Übrigens gibt es inzwischen auch Schrittzähler-Apps für Ihr Smartphone.

Machen Sie »meditatives Ausdauertraining«

Das ideale Bewegungsprogramm beinhaltet sowohl Ausdauer- als auch Krafttraining. Beim reinen Ausdauertraining verlieren wir nämlich Muskelmasse, was den besten Marathonläufern sehr gut anzusehen ist. Muskelmasse aber ist entscheidend für unseren Grundumsatz, also die Menge an Energie, die wir in Ruhe verbrennen. Im Gegensatz zur Fettzelle, die weitgehend inaktiv ihr Dasein in unserem Körper fristet, verbraucht der Muskel permanent Energie. Das heißt auch in Ruhe.

Für Stoffwechselgesundheit und Gewichtskontrolle ist daher neben dem Ausdauertraining heute auch das Krafttraining Standard – und zwar entgegen einer landläufigen Meinung für beide Geschlechter.

Was die Stresskillerfunktion von Bewegung angeht, so ist das Ausdauertraining eindeutig wirksamer als das Krafttraining. Zum einen wird dabei pro Zeiteinheit durch die Stressreaktion mehr bereitgestellte Energie verbrannt. Zum anderen kann man bei einem gleichmäßigen Ausdauertraining in eine Art Trance, einen meditativen Zustand geraten. Dieser führt zur Freisetzung von Wohlfühl- und Antistress-Substanzen im Gehirn, z. B. von Endorphinen. Jeder Jogger weiß, wovon wir an dieser Stelle reden.

Es gibt natürlich auch Sportarten, die Ausdauer und Kraft verbinden und durch ihre gleichförmigen Bewegungsabläufe ebenfalls zu besagtem meditativem Zustand führen können. Schwimmen und Rudern sind gute Beispiele hierfür.

Wenn Sie also mehr wollen als reines Spaziergehen (siehe Nr. 2 »Kaufen Sie sich einen Schrittzähler«), dann suchen Sie sich die Ausdauersportart, die zu Ihnen passt, und machen sich mental davon abhängig. Ja, Sie haben richtig gehört: Abhängigkeit von regelmäßiger Bewegung ist eine der wenigen Süchte ohne schädliche Nebenwirkungen.

4 Erlernen Sie einen Kampfsport

Die Natur hat das Stresssystem entwickelt, um Energie für besondere Situationen bereitzustellen. Situationen, in denen wir entweder fliehen oder kämpfen müssen. Das Fliehen können wir durch Ausdauersportarten simulieren (siehe Nr. 3. »Machen Sie ›meditatives Ausdauertraining‹«) und dabei gleichzeitig in eine Art Bewegungsmeditation versinken. Beim Kämpfen ist das zunächst schwerer vorstellbar.

Kämpfen und sich dabei entspannen? Die Vereinigung dieser Gegensätze kann tatsächlich gelingen – so bei den fernöstlichen Kampfsportarten wie Judo, Karate, Kung-Fu, Aikido, Taekwondo. Neben der Bewegungskomponente beinhalten diese Sportarten auch ein meditatives Element, das bei denen, die es beherrschen, zu einer messbaren Reduktion des Stressniveaus führt.

Übrigens: Für diese Kampfsportarten ist man nie zu alt.

5 Belegen Sie einen Tanzkurs

Laufen und Schwimmen sind Ihnen zu langweilig? Asiatische Kampfsportarten zu exotisch oder gar Furcht einflößend? Dann entscheiden Sie sich für die spielerische Komponente des Stresskillers Bewegung: Gehen Sie tanzen!

Tanzen wird bezüglich Kalorienverbrauch und Stressabbau chronisch unterschätzt. Außerdem unterstützt es die koordinativen Fähigkeiten. Das wird Ihnen spätestens dann zugute kommen, wenn Sie ein gewisses Alter erreicht haben und die Gefahr besteht, dass Sie stürzen und sich dabei möglicherweise sogar verletzen. Menschen mit trainierter Koordinationsfähigkeit stürzen selbst in hohem Alter nachweislich seltener.

Neben all diesen Vorteilen hat Tanzen aber noch einen angenehmen Nebeneffekt: Sie können diese Art des Stressabbaus zusammen mit Ihrem Partner betreiben. Oder selbigen darüber kennenlernen.

Entspannung und Achtsamkeit

> Sich besser zu entspannen kann man auf angenehme Weise erlernen: Durch etwas mehr innere Ruhe, bewusstes Wahrnehmen und Achtsamkeit im Alltag kann das Stressniveau messbar gesenkt werden.

Der richtige Umgang mit Stress ist essenziell für ein langes, gesundes und glückliches Leben. Da wir uns im Medizinischen PräventionsCentrum Hamburg diesem Ziel verschrieben haben, führen wir bei unseren Patienten routinemäßig auch einen sogenannten Stresscheck durch. Dabei wird die Fähigkeit gemessen, sich in verschiedenen, über eine Virtual-Reality-Brille erzeugten Situationen gezielt zu entspannen. Das Prinzip der Stressmessung ist denkbar einfach: Auch der kleinste Stress erzeugt eine erhöhte Aktivität der Schweißdrüsen, z. B. an den Fingerkuppen. Vermehrte Schweißbildung heißt zugleich aber auch verbesserte Stromleitfähigkeit. Diese lässt sich sehr leicht messen.

Einige Menschen sind regelrechte Naturtalente in puncto Entspannungsfähigkeit. Selbst in stressvollsten Situationen können sie vorsätzlich und »auf Befehl« entspannen. Andere haben diese Fähigkeit über Jahre hin oder ihr ganzes Leben lang trainiert und beherrschen ebenfalls die Kunst, quasi überall und zu jeder Zeit zu relaxen. In asiatischen Ländern ist diese erlernte Fähigkeit zu entspannen wesentlich verbreiteter als in den westlichen Industrienationen.

Bei den meisten Menschen, die zu uns kommen, messen wir daher ein recht hohes Stressniveau mit einer reduzierten oder nicht vorhandenen Fähigkeit, sich zu entspannen. Die Stresskiller Nr. 6 bis 26 sollen Sie dabei unterstützen, diese Fähigkeit zu entwickeln und zu trainieren.

6 Augen zu und lächeln

Wenn es uns gut geht oder wir einem anderen gute Gefühle entgegenbringen, verändert sich die Aktivität unserer mimischen Muskulatur. Diese Veränderung ist gemeinhin als Lächeln bekannt. Doch was passiert in unserem Gehirn, wenn wir lächeln oder lachen?

Vereinfacht gesprochen, gibt es in unserem Gehirn zwei Wohlfühl- und Antistress-Systeme. Dabei handelt es sich um nichts anderes als um Bereitstellungssysteme für körpereigene »Drogen«, die eine Stressreaktion abschwächen oder sie erträglich erscheinen lassen. Die Droge des ersten Systems (Dopamin) kann abhängig machen, die des zweiten (Serotonin) nicht.

Dopamin wird immer dann freigesetzt, wenn wir überbordendes, rauschhaftes Glück erleben. Dieses Glück erleben wir als sehr intensiv. Leider hält es nicht lange an, da Dopamin sehr schnell abgebaut wird. Das erleben wir als eine Art Mini-Entzug, d. h., wir fühlen uns nach starken Glücksmomenten häufig sogar ein wenig niedergeschlagen. Und begeben uns zwangsläufig auf die Suche nach dem nächsten Dopamin-Kick.

Erfolgserlebnisse, Glück im Spiel, eine Gehaltserhöhung, plötzlicher Geldsegen, ausgelassenes Tanzen auf einer Party, Sex, der Sieg der eigenen Fußballmannschaft und Lachen sind Beispiele für typische Dopamin-Freisetzer. Auch die meisten externen Drogen wie Nikotin oder Alkohol wirken über eine Dopamin-Freisetzung im Gehirn. Dopamin ist die wichtigste Substanz des hirneigenen Belohnungssystems. Wenn wir dieses System einmal stimuliert haben, können wir nur schwer davon lassen, auch wenn die Dopamin-Freisetzung und damit der Glück erzeugende Effekt von Mal zu Mal schwächer werden. Insgesamt ist in der westlichen Kultur der Glücksbegriff sehr dopamingeprägt.

Das zweite Wohlfühl- und Antistress-System macht uns neuesten Erkenntnissen zufolge (mindestens) ebenso glücklich und kann bis ins hohe Alter aktiv bleiben. Die für diese zweite Art von Glück verantwortliche Substanz heißt Serotonin.

Serotonin wirkt etwas schwächer stimulierend als Dopamin, sodass eine Serotonin-Ausschüttung in unserem Gehirn keine ekstatischen Gefühle hervorruft. Durch einen komplizierten Mechanismus bleibt Serotonin länger aktiv als Dopamin und ruft somit bei uns ein zwar sanfteres, dafür aber auch nachhaltigeres Glücksgefühl hervor. Dieses lässt sich am ehesten mit dem Begriff der »heiteren Gelassenheit« beschreiben.

Wenn Lachen Dopamin bedeutet, so ist Lächeln der Ausdruck eines durch Serotonin geprägten Zustands. Es ist noch nicht sehr lange bekannt, dass es sich dabei keineswegs um eine Einbahnstraße handelt. Eine Serotonin-Ausschüttung führt zu guten Gefühlen, die uns ein Lächeln auf das Gesicht zaubern. Das Ganze funktioniert auch umgekehrt! So kann ein vorsätzliches oder auch grundloses Lächeln zu einer verstärkten Serotonin-Ausschüttung führen. Probieren Sie es einmal aus.

Lächeln Sie im Auto, im Fahrstuhl oder an Ihrem Schreibtisch einfach vor sich hin. Ein paar Mal am Tag reichen schon. Grundlos zu lächeln ist in den meisten Situationen sozial verträglicher als unmotiviertes Lachen. Testen Sie diesen Effekt gerade auch in Situationen, in denen Sie vor Anspannung platzen möchten. Ziehen Sie sich, wenn nötig, einen Augenblick zurück, schließen Sie die Augen – und lächeln Sie einfach vor sich hin.

Streicheln Sie ein Tier

Am besten belegt ist der Antistress-Effekt von Katzen, die selbst Meister der Stressintelligenz sind. Sie tun nicht mehr und nicht weniger, als sie müssen, und haben ein außerordentliches Talent, sich zu entspannen. Doch nicht nur das: Sie verleihen diesem Zustand auch noch hör- und fühlbar Ausdruck: durch Schnurren.

Inzwischen ist es wissenschaftlich belegt, dass das Streicheln oder auch nur das Halten einer schnurrenden Katze zu messbarer Entspannung führt, die klassischen

Methoden wie dem Autogenen Training oder der Progressiven Muskelentspannung (siehe Nr. 8 »Hören oder lesen Sie ein Buch über Entspannung«) ebenbürtig ist. Außerdem leben Haustierbesitzer nachweislich länger und sind seltener krank.

Auch die freundschaftliche Art, in der ein Hund seinem Frauchen oder Herrchen begegnet, kann zur Stressreduktion beitragen. Und die Dankbarkeit, die ein Hund einem für ein wenig Kraulen entgegenbringt, ist Balsam für die Seele. Der große Vorteil eines Hundes ist außerdem, dass er wie ein Personal Trainer wirkt (siehe Nr. 1 »Buchen Sie eine Stunde Personal Training«). Zu gegebener Zeit steht er vor der Tür und zwingt einen, sich zu bewegen.

Hören oder lesen Sie ein Buch über Entspannung

Viele unserer Patienten, die unter chronischem Stress leiden, haben bereits versucht, eine Entspannungstechnik wie Autogenes Training und die Progressive Muskelentspannung zu erlernen. Diese beiden Methoden sind auch die am besten wissenschaftlich untersuchten und sollten den gängigen Studien zufolge zu einem messbaren Entspannungszustand führen.

Warum aber beklagen sich so viele Menschen, sich kaum entspannen zu können, obwohl sie bereits Entspannungskurse besucht haben? Will man sich entspannen, gilt es grundsätzlich, zwei störende Einflüsse auszuschalten: die von außen und die von innen.

Hören oder lesen Sie ein Buch über Entspannung

In einem Kurs kann allein die Anwesenheit anderer Menschen dazu führen, unter keinen Umständen »loslassen« zu können. Oft passiert sogar das Gegenteil: Da andere Menschen anwesend sind, spannt man erst recht an. Schwieriger noch sind die inneren Widerstände zu überwinden, das Abgleiten zu störenden Gedanken, die Wahrnehmung störender körperlicher Vorgänge. Sich auf schwerer werdende Arme und Beine oder die gleichmäßige Atmung zu konzentrieren, klingt viel leichter als es für die meisten Menschen ist. Und so verkrampfen sie eher, statt zu entspannen, selbst wenn sie ganz gemütlich zu Hause auf dem Sofa liegen.

Allen diesen Menschen möchten wir wärmstens empfehlen, es einmal mit einem Entspannungsbuch zu versuchen. Die meisten Bücher zum Thema Entspannung basieren auf dem Autogenen Training, der Progressiven Muskelentspannung oder einer Kombination aus beiden. Einiges darin mag für Sie neu sein, Einiges wissen Sie schon lange selbst. Und dennoch lesen Sie dieses Buch. Wahrscheinlich entspannen Sie dabei sogar, wenigstens ein bisschen. Allein sich gedanklich mit einer Sache zu beschäftigen, beschwört diese Sache schon herbei. Das gilt ganz besonders für das Thema Entspannung.

Aber die unmittelbare Entspannung beim Lesen dieses Buches soll nur ein angenehmer Nebeneffekt sein. Hauptsächlich soll es darum gehen, Neues zum Thema Stress zu lernen und – fast noch wichtiger – Bekanntes wieder aufzufrischen. Haben Sie sich schon einmal gefragt, warum buddhistische Mönche immer und immer wieder über die gleichen Inhalte meditieren, gebetsmühlenhaft, im wahrsten Sinne des Wortes? Suchen

Sie auf diese Weise einfach nur den so angenehmen Zustand tiefer Entspannung und des inneren Friedens?

Sicher ist das ein Grund, aber nicht der wichtigste. Der Hauptgrund ist, dass wir Menschen dazu tendieren, auch die allerwichtigsten Erkenntnisse und Weisheiten ständig wieder zu vergessen, wenn wir sie uns nicht immer wieder vor Augen führen. Selbst wenn es sich um so fundamentale Erkenntnisse handelt, dass unser Lebensglück daran hängt. Das Prinzip der Wiederholung ist fundamental, wenn uns etwas in Fleisch und Blut übergehen soll. Dinge, die wir beherrschen wollen, müssen wir immer und immer wieder tun.

Strengt Sie das Lesen zu sehr an, bietet in der heutigen Zeit das Hörbuch eine gute Alternative. Dieses kann man sich heute auch bequem aus dem Internet auf das Smartphone, den iPod oder ähnliche Geräte herunterladen. Probieren Sie zunächst einfach eines aus – am besten in entspannter Rückenlage über Kopfhörer. Sie hören eine beruhigende, ja fast hypnotisch klingende Frauen- oder Männerstimme, die Ihnen suggeriert, sich nach und nach immer tiefer zu entspannen. Im Hintergrund erklingt meist noch eine sanfte Musik … Es wird Ihnen kaum gelingen, sich nicht zu entspannen.

Schauen Sie sich einen See an

Wenn wir etwas betrachten, das Ruhe ausstrahlt, werden wir selbst ruhig. So einfach diese Regel klingt, so selten wenden wir sie an. Wir sind umgeben von tech-

Schauen Sie sich einen See an

nischen Geräten, die unser Leben erleichtern (sollen), uns aber nicht zur Ruhe kommen lassen. Fernseher, Computer, Handy, Auto sind aus unserem Leben nicht mehr wegzudenken – und Aufputscher unseres Nervensystems.

Wenn Sie sich im Geist an einen Platz begeben sollten, an dem Sie eins mit sich selbst werden, an dem Sie zur Ruhe kommen, werden Sie kaum an eine von Menschen und von deren Technik geprägte Umgebung denken. Vielmehr werden Sie sich an einen Ort mitten in der freien Natur begeben. An einen See. Einen Bergsee. Oder an einen See im Wald, ein Sinnbild für Ausgeglichenheit und Selbstgenügsamkeit.

Stellen Sie sich einen solchen See vor. Oder betrachten Sie einen solchen See auf einem Foto. Besser noch: Gehen Sie zu einem solchen See und setzen sich auf eine Bank am Ufer. Handy aus. Und dann schauen Sie auf den See hinaus. In aller Ruhe. Minutenlang. Bedarf es einer weiteren Begründung, warum Sie das tun sollten?

Jeder Mensch hat solche »seelische Ankerplätze« wie einen See oder einen anderen Ort in der Natur im Kopf. Für die einen ist es der Wald, für die anderen eine Meeresbucht oder ein Sandstrand, für wieder andere eine blühende Bergwiese.

Finden Sie Ihren persönlichen Ankerplatz in der Natur. Und gehen Sie möglichst oft hin. Auf welche Weise auch immer.

10 Verschenken Sie etwas

»Geben ist seliger denn Nehmen.« Auf den ersten Blick scheint dieser Satz wenig mit Stress oder Stressreduktion zu tun zu haben; aber auch nur auf den ersten Blick. Wir wissen heute, dass in unserem Gehirn Glückssubstanzen ausgeschüttet werden, wenn wir anderen etwas Gutes tun. Wie bereits beim Stresskiller Nr. 6 (»Augen zu und lächeln«) angemerkt, besitzen alle Glückshormone und -neurotransmitter gleichzeitig immer auch eine Antistresswirkung.

Sich in die Probleme anderer hineinzuversetzen, ihnen zu helfen oder ihnen etwas zu schenken macht uns froh. Weil es von unseren eigenen Problemen, unserem eigenen Stress ablenkt. Dieser »egoistische Altruismus« funktioniert, vorausgesetzt, man interessiert sich wirklich für den anderen, will ihm eine Freude bereiten und tut nicht nur so als ob. Man sollte dabei primär nicht auf Dankbarkeit aus sein. Diese ist ein möglicher weiterer Benefit. Doch es ist die gute Tat selbst, die positive Emotionen in uns hervorruft.

Gutes tun, um sich selbst besser zu fühlen: Wo könnte dieses Prinzip stärker wirksam sein als bei den eigenen Kindern? Der Wunsch, unseren Kindern das bestmögliche, schönste Leben zu ermöglichen, ist genetisch tief in uns verankert. Wenn Sie Kinder haben, leben Sie diesen Wunsch aus! Sehen Sie es nicht als lästige Pflicht, Ihren Kindern (Paten-, Enkelkindern) Geschenke zu kaufen, nur weil gerade einmal wieder ein Geburtstag oder Weihnachten vor der Tür steht.

Nehmen Sie jeden Moment dieses egoistisch-altruistischen Aktes bewusst wahr, und Ihr Leben wird für einen kostbaren Augenblick vom eigenen Stress befreit.

Buchen Sie einen Yogakurs

»Das« Yoga gibt es nicht. Inzwischen hat sich eine unüberschaubare Zahl verschiedener Yogarichtungen und -schulen entwickelt, sodass es fast unmöglich ist, den Überblick zu behalten. Das ist aber auch nicht entscheidend.

Yoga verbindet das Spirituelle mit dem Körperlichen, ist also Entspannung und Bewegung in einem. Das Verhältnis zwischen diesen beiden Elementen ist von Schule zu Schule unterschiedlich. Tendenziell wird bei den in unseren Breitengraden angebotenen Yogaprogrammen die körperliche Komponente jedoch stärker betont als in den fernöstlichen Schulen.

Der Stress reduzierende, gesundheitsfördernde Effekt von Yoga ist so gut belegt, dass entsprechende Kurse sogar von vielen Krankenkassen übernommen werden.

Kümmern Sie sich, wie gesagt, beim Buchen eines Yogakurses zunächst nicht darum, welche Richtung genau dahintersteckt. Betrachten Sie ihn als Eintrittspforte in eine neue Bewusstseinsdimension. Feinjustieren können Sie später immer noch.

12 Sex!

Klar macht Sex glücklich und wirkt nachhaltig gegen Stress. Und je mehr Sex wir haben, desto glücklicher und entspannter sind wir. Aus wissenschaftlicher Sicht ist das auch richtig, solange es dabei um eine von allen Problemen, Ängsten und Pflichtgefühlen befreite Sexualität geht.

In unserer Arbeit als Ärzte und psychologische Coachs ist Sexualität ein häufig angesprochenes Thema. Dabei kommt die meist schwierige, stressvolle Seite der Sexualität zum Vorschein: Er will, sie aber nicht. Sie will, er jedoch nicht. Sie will, er auch, aber er kann nicht. Sie will, er auch, aber mit einer anderen. Er will, sie auch, aber mit einem anderen. Beide wollen, aber immer seltener. Er will, hat aber keine Partnerin. Sie will, hat aber keinen Partner. Und so weiter und so fort.

Alles Situationen, in denen Sexualität eher ein Stressfaktor als ein Stresskiller ist. Die Kunst besteht darin, zu einer Sexualität zu finden, die von selbst auferlegten Zwängen frei und möglichst gut auf die des Partners abgestimmt ist. Klingt nach der Quadratur des Kreises, kann aber immer wieder gelingen, wenn man auf die Erfüllung perfektionistischer Ansprüche verzichtet.

Eine befriedigende Sexualität setzt in jedem Fall voraus, dass man von Zeit zu Zeit mit dem Partner darüber spricht. Daran führt kein Weg vorbei. Manchmal bedarf es aber auch professioneller Hilfe (siehe Nr. 47 »Buchen Sie eine Coaching-Stunde«).

Lassen Sie uns das, was die Stresskillerwirkung von Erotik und Sexualität angeht, dennoch auf eine Minimalformel bringen: Sowohl Küssen als auch Kuscheln als auch jeder wie auch immer herbeigeführte Orgasmus führen zur Freisetzung von Antistress-Substanzen wie dem Dopamin (siehe Nr. 6 »Augen zu und lächeln«) und dem Oxytocin und sind daher zu begrüßen.

13 Nehmen Sie ein heißes Duftbad

Auch wenn sich das Stresssystem bereits im Mutterleib entwickelt, so kann man den Zustand eines Menschen in der Zeit vor der Geburt mit einem Wort beschreiben: Geborgenheit. Einfach so in 37 Grad warmem Wasser zu schwimmen und jederzeit mit allem versorgt zu werden, was man braucht: Welcher Zustand könnte entspannter sein? Und plötzlich geht es dann hinaus in die Kälte. Wir müssen selbst atmen, selbst essen, laufen und lernen. Wir haben Schule, Beruf, Termine. Kurzum: Stress.

Um dem Zustand der ursprünglichen Geborgenheit recht nahe zu kommen, kann man ein wohlig warmes Bad nehmen. Damit begeben wir uns nicht nur in eine Art entspannten Urzustand der Wärme, sondern erhalten in einem Duftbad über unseren ältesten und am stärksten mit unseren Gefühlen verbundenen Sinn, den Geruchssinn, auch weitere Entspannungssignale. Ein vielfältiges Angebot an ätherischen Ölen und Kräuteressenzen kann als Badezusätze verwendet werden. Wäre es nicht ein wunderbares Entspannungsprojekt, sich nach und nach durch die verschiedenen Mischungen aus Lavendel (siehe Nr. 33 »Die Kraft des Lavendels«), Melisse, Zitrusfrüchten, Holunder und viele andere mehr durchzuprobieren?

14 Schauen Sie sich ein Album mit Urlaubsbildern an

Wann haben Sie sich das letzte Mal Ihre Fotos vom letzten Urlaub angesehen? Ein Fotoalbum (nur eines!) aus dem Schrank zu nehmen oder eine Datei im Computer zu öffnen und sich die Bilder für zehn bis fünfzehn Minuten in aller Ruhe anzuschauen, katapultiert Sie nämlich sofort an einen Punkt im Raum-Zeit-Kontinuum, an dem Sie vermutlich entspannter waren, als Sie es gerade sind. Falls nicht, wird es Ihnen zumindest so vorkommen.

Im Urlaub versuchen wir vor allem, die schönen Momente mit der Kamera festzuhalten. Die Fotos beweisen uns später: Wir können tatsächlich entspannt sein und auch noch so aussehen!

Durch das Betrachten der Urlaubsbilder unternehmen wir in Gedanken eine Reise durch Raum und Zeit, weg von zu Hause, weg von den aktuellen Problemen, die ja immer die schlimmsten sind. Eine äußerst wirksame und sehr einfache Entspannungsmethode!

Lassen wir uns auf eine solche mentale Kurzreise richtig ein und nichts anderes wirkt auf uns als die Bilder, kein Handygespräch nebenbei, keine Unterbrechung durch

SMS- oder E-Mail-Checken, dann kann sie fast so wirksam sein wie ein echter Kurztrip. Und das Preis-Leistungs-Verhältnis stimmt mit Sicherheit auch.

15 Kreieren Sie einen positiven Glaubenssatz

Jeder Mensch hat tief verankerte, mehr oder weniger irrationale Überzeugungen, sich selbst und die ganze Welt betreffend. Diese in entscheidenden Situationen immer wiederkehrenden, nicht beiseite zu schiebenden Überzeugungen nennt man persönliche Glaubenssätze. Diese können positiv, neutral oder negativ sein:
- »Die Amerikaner sind Fremden gegenüber sehr tolerant« (positiver Glaubenssatz über die Welt/die anderen).
- »Die Amerikaner haben keine Kultur« (negativer Glaubenssatz über die Welt/die anderen).
- »Wenn ich mir etwas vorgenommen habe, ziehe ich das auch durch« (positiver Glaubenssatz über die eigene Person).

KILLER-TIPP

Negative Glaubenssätze und mangelndes Selbstvertrauen gehören zu den bekanntesten Stressverstärkern, da sie sehr schnell ein Gefühl der Überforderung erzeugen. Umgekehrt dämpfen positive Glaubenssätze wirksam den Stress, denn sie vermitteln einem das Gefühl, Herr der Lage zu sein.

- »Ich bin handwerklich eher ungeschickt« (negativer Glaubenssatz über die eigene Person).

Die negativen Glaubenssätze über die eigene Person haben leider die Eigenschaft, besonders hartnäckig zu sein, da es sich bei Ihnen um tiefe Überzeugungen handelt. Werden sie noch durch Ereignisse bestätigt, verfestigen sie sich zusehends. Deswegen ist es wichtig, den eigenen Kindern positive Glaubenssätze über sich selbst zu vermitteln und so ihr Selbstvertrauen zu stärken. Diese Überzeugungen sind im Übrigen nicht den Kategorien »richtig« oder »falsch« zuzuordnen, weil es bei Glaubenssätzen darum überhaupt nicht geht. Die Frage ist vielmehr, ob sie uns nützen (positive Glaubenssätze) oder uns schaden (negative Glaubenssätze).

Wenn wir uns also vornehmen, einen positiven Glaubenssatz zu kreieren, dann sollte er einerseits irgendwie in der Realität verhaftet sein. »Ich bin geboren, um den Nobelpreis für Physik zu gewinnen« wäre beispielsweise für einen Modedesigner eher ungeeignet. Andererseits sollten wir uns von dem lösen, was uns bisher mentale Ketten angelegt und so unseren Stress vermehrt hat. Am häufigsten passiert uns das im Job. Statt immer zu denken »Wieder mal alles verbockt – typisch ich« wäre der Glaubenssatz »Ich mache einen guten Job (selbst wenn mir mal Fehler unterlaufen)« viel geeigneter.

Wie bekommen wir diesen positiven Glaubenssatz aber in unseren Kopf, wenn wir jahrelang das Gegenteil über uns gedacht haben? Durch ständige Wiederholung. In diesem Punkt können wir viel von der Werbung oder auch von politischen Kampagnen lernen. Die Werbung bombardiert uns so lange mit einem bestimmten Spruch zu einem Produkt, bis wir von dieser »Wahrheit« überzeugt sind. Dass ein bestimmtes Waschmittel nicht nur sauber, sondern auch rein wäscht, ist zu einem Glaubenssatz über dieses Produkt geworden. Oder erinnern Sie sich an die Präsidentschaftskampagne von Barack Obama: »Yes, we can« hieß es dort unentwegt. Obama hat damit nicht nur seine Anhänger mobilisiert, sondern wurde mit jedem Mal, da er diesen Satz gedacht und ausgesprochen hat, selbst überzeugter davon.

Das Gleiche können Sie mit »Ich mache einen guten Job« erreichen. Oder mit »Ich bin stark«. Oder mit »Ich genieße mein Leben«. Seien Sie kreativ und finden Sie Ihren neuen positiven Glaubenssatz. Und dann starten Sie Ihre ganz persönliche Kampagne damit. Ihr Stresslevel wird nach und nach sinken. Garantiert.

16 Gehen Sie in die Stadt, ohne etwas kaufen zu wollen

Man hat sich das so entspannt vorgestellt: Samstagvormittag mit der Familie in die City, nur ein paar Sachen einkaufen, schön Mittagessen gehen und anschließend bummeln. Vorher noch schnell eine Liste gemacht, damit man auch ja nichts vergisst. Doch dann kommt alles ganz anders.

Haben Sie den Stressor in dieser kurzen Einleitung erkannt? Richtig: Es geht um das Wort »Liste«. Wir sind große Befürworter von To-do-Listen, mit denen wir den Alltag strukturieren, um nicht im Chaos zu versinken (siehe dazu die Stresskiller der 4. Kategorie »Zeitmanagement und Work-Life-Balance«).

Problematisch wird es, wenn die Abarbeitung der täglichen To-do-Listen zum alles beherrschenden, das ganze Leben durchdringenden Thema wird. Gerade perfektionistisch veranlagte Menschen neigen dazu, das hilfreiche Werkzeug der To-do-Liste zum Selbstzweck werden zu lassen. Unser Rat lautet daher: Selbst wenn Sie ein Listenfreak sind, sollten Sie einen oder noch besser zwei Tage in der Woche zur listenfreien Zeit erklären.

Um bei unserem eingangs genannten Beispiel zu bleiben: Es ist alles andere als unwahrscheinlich, dass der geplante entspannte Stadtbummel zur Hetzjagd wird, weil auf der Liste stand, dass man schnell noch den Handytarif wechseln wollte, woraufhin man sich nach einer halbstündigen Wartezeit einen ebenso langen Vortrag über die Vor- und Nachteile diverser Flatrates anhören muss, woraufhin man den Punkt »Socken kaufen« von der Liste streicht, weil einen der Hunger zu quälen beginnt, woraufhin man hektisch eine Bratwurst im Stehen verschlingt, woraufhin ... So entsteht Stress statt Entspannung!

Deshalb sollte Freizeit ihrem Namen gerecht werden und nicht durchgeplant sein wie ein Arbeitstag. Das gilt nicht nur für den Stadtbummel, sondern vor allem auch für den Urlaub.

Sie sollten immer wieder Tage reservieren, an denen Sie etwas sehr Entspannendes planen – nämlich: nichts.

17 Schlafen Sie sich aus

Tja, werden Sie sagen, das ist leichter gesagt als getan. Es sei denn, Sie gehören zu den wenigen bewundernswerten Menschen, die immer und überall schlafen können, ganz gleich, wie gestresst sie sind. Und sei es nur für fünf Minuten, was inzwischen als Power Nap bekannt ist. Diese Menschen sind die wahren »Könige der Stressintelligenz« und in ihrer Entspannungsfähigkeit buddhistischen Mönchen vergleichbar.

Tatsächlich ist chronischer Stress fast immer auch durch Schlafstörungen charakterisiert. Der mangelnde Schlaf verstärkt den Stress noch weiter, da er zu einer Ausschüttung des Stresshormons Cortisol führt. Wie lässt sich dieser Teufelskreis durchbrechen? Es gibt ein paar gute Regeln, um sich nachts vom Stress des Tages zu erholen und Kraft für neue Herausforderungen zu tanken:
- Machen Sie Sich klar, dass noch niemand an Schlafmangel gestorben ist, dass Sie weniger Schlaf brauchen, als Sie glauben, und dass auch ruhiges Im-Bett-Liegen zur Erholung beiträgt.
- Zwei Stunden vor dem Zubettgehen keine Tätigkeit ausüben, die mit Stress erzeugenden Gedanken verbunden ist. Oder einfacher gesagt: nichts Berufliches mehr nach 20.00 Uhr.
- Keine aufputschenden Substanzen nach 16.00 Uhr, vor allem keinen Kaffee und keine Cola. Der Koffeineffekt kann nämlich über viele Stunden anhalten.
- Sanfte Schlafmittel wie heiße Honigmilch trinken (siehe Nr. 32 »Trinken Sie eine heiße Honigmilch«) oder Baldrian bzw. Hopfen einnehmen.

- Vor dem Einschlafen oder auch nachts nach dem Aufwachen Entspannungsübungen machen oder Entspannungshörbücher hören (siehe Nr. 8 »Hören oder lesen Sie ein Buch über Entspannung«).
- Am Wochenende ausschlafen und versäumten Schlaf nachholen (im Gegensatz zu »vorschlafen« funktioniert das wirklich).

Wenn diese Maßnahmen nicht greifen, sollten Sie einen Arzt aufsuchen. Der kann feststellen, ob möglicherweise eine behandlungsbedürftige Depression hinter Ihren Schlafstörungen steht. Nicht selten sind Schlafstörungen das erste und manchmal auch das führende Symptom bei depressiven Erkrankungen. Gelegentlich wird der Arzt auch eine Untersuchung in einem Schlaflabor veranlassen, um Ihre Schlafstörung noch genauer einzugrenzen.

Bei einigen Menschen wiederum ist ein psychologisches Coaching sinnvoll, um herauszufinden, ob sich irgendein chronischer Stressor, z. B. ein Dauerkonflikt im Job, in Ihrer derzeitigen Lebenssituation verbirgt, und diesen dann gezielt zu verändern (siehe Nr. 47 »Buchen Sie eine Coaching-Stunde«).

18 Buchen Sie ein Wochenend-Hideaway

Das ist schon ein clever konzipierter Begriff der Werbebranche: Hideaway. Dieser Begriff suggeriert einen Ort, an dem man so gut versteckt ist, dass einen selbst der Alltagsstress nicht mehr findet. Fast wie früher, als man alle Sorgen zurückließ und nicht erreichbar war, wenn man in Urlaub fuhr. In Zeiten des Erreichbarkeitswahns besteht beim Betreten eines Hotelzimmers die erste Maßnahme häufig darin, zu checken, ob das Internet funktioniert.

Ihren Kurzaufenthalt in einem solchen Hideaway sollten Sie nutzen, genau das nicht zu tun. Lassen Sie sich von dem Namen inspirieren und schalten Sie im wahrsten Sinne des Wortes ab, vor allem auch Ihre elektronischen Geräte. Sich ein Wochenende lang vor allem und jedem zu verstecken hat einen ungeheuren Erholungswert und muss noch nicht einmal teuer sein. Außerdem ist der Erholungseffekt am Anfang eines Urlaubs am allergrößten. Wie wäre es also, einmal nur diesen Anfang zu buchen? Nur ein Wochenende. Ein wahres Stresskillerwochenende.

19 Atmen Sie den Stress weg

Gelegentlich trifft man auf die Überzeugung, dass allein das richtige und bewusste Atmen schon ausreiche, um ein glückliches Leben führen. Dieser doch ein wenig zu esoterischen und verkürzten Auffassung möchten wir uns hier nicht anschließen.

Gleichwohl kann die Konzentration auf die eigene Atmung sehr viel dazu beitragen, dass wir uns entspannter und in uns selbst ruhender fühlen. Und so gibt es auch fast keine Entspannungstechnik – sei sie westlich oder fernöstlich –, welche die Atmung nicht mit einbezieht.

Die reinste Form dieser Entspannungstechnik ist die sogenannte »Atmungsachtsamkeit«. Dabei konzentriert man sich so unverkrampft wie möglich auf die eigene Atmung und denkt nichts anderes als »Einatmen – Ausatmen – Einatmen – Ausatmen – usw.«. Wobei die Kunst darin besteht, nicht aktiv zu atmen, sondern gleichsam atmen zu lassen und sich selbst dabei zu beobachten. Zu Beginn gleiten die Gedanken häufig zu anderen Themen ab. Das macht gar nichts, man soll sie dann einfach sanft wieder zur Atmung zurückbringen. Je regelmäßiger man diese Technik übt, umso seltener verliert man den Faden und umso entspannter wird man dadurch. Das Wichtigste dabei ist aber: Nichts erzwingen, einfach geschehen lassen.

Wenn man in stressvollen Situationen einmal ganz schnell herunterfahren möchte, dann bietet sich folgende Atemübung an: Sie stellen sich gerade und mit geschlossenen Augen hin, atmen tief ein und ziehen gleichzeitig die Schultern hoch. Dann atmen Sie komplett aus und lassen dabei die Schultern herunterfallen. Das Ganze wiederholen Sie noch zwei Mal – und schon sind Sie von Tempo 150 auf 50!

20 Gehen Sie ins Theater

Es gibt im Wesentlichen zwei Arten, sich zu entspannen: abschalten und umschalten. Abschalten bedeutet, sich einfach fallen zu lassen, loszulassen, indem man z. B. eine Entspannungsübung macht. Umschalten heißt hingegen, das Gehirn für eine Zeit lang neu auszurichten, sich aktiv mit anderen Dingen als im Alltag zu beschäftigen. Ganz automatisch wird dadurch unser Stresssystem neu ausgerichtet. Es vergisst gleichsam, was es vorher so belastet und gequält hat. Ein Ortswechsel kann beispielsweise diese Neuausrichtung bewirken.

Im Kleinen gelingt das auch schon, wenn wir unsere Wohnung oder unser Haus verlassen und ins Theater, ins Konzert oder ins Kino gehen. Natürlich können wir uns auch zu Hause vor dem Fernseher entspannen. Aber ein Theaterstück oder ein Konzert fordern unser Gehirn stärker heraus. Das klingt zunächst nach etwas mehr Anstrengung als das Auf-dem-Sofa-Herumlümmeln. Man muss sich dazu überwinden, aufzustehen, sich anzuziehen, dorthin zu gehen oder zu fahren, sich auf das Stück, den Film oder die Musik zu konzentrieren. Aber genau das ist gut. Indem unser Gehirn sich mit anderen Inhalten beschäftigt, werden unsere Alltagsprobleme reduziert und relativiert, mit denen es sich sonst die ganze Zeit beschäftigt.

Es ist nicht gut und auch gar nicht so leicht, in der freien Zeit nur abzuschalten. Das kann mit der Zeit langweilig werden und führt zu innerer Unruhe und neuem Stress. Manchmal müssen wir auch aktiv umschalten. Nicht jeden Tag, aber ein bis zwei Mal pro Woche schon.

21 Sprechen Sie mit einem Freund oder einer Freundin

Was ist Freundschaft? Darüber kann man lange reden, dabei über Filme wie »Harry und Sally« diskutieren und am Ende wahrscheinlich doch nicht zu einem allgemeingültigen Ergebnis kommen. Wir verstehen unter Freundschaft eine enge Verbindung zwischen zwei Menschen, die nicht erotisch, nicht durch familiäre Zusammengehörigkeit oder durch die Erlangung eines materiellen, beruflichen oder gesellschaftlichen Vorteils motiviert ist. Jedenfalls nicht primär.

Aus dieser Definition ergibt sich, dass echte Freundschaft ein äußerst seltenes Gut ist. Umso verwunderlicher ist es, wie wenig wir unsere Freundschaften pflegen. Viele stellen das erst fest, wenn sie eines Tages ihren Partner verlieren und plötzlich sehr einsam dastehen. Insofern ist das Pflegen von Freundschaften auch ein wichtiger Bestandteil der Altersvorsorge, um nicht eines Tages mit dem massiven Stress der Einsamkeit konfrontiert zu sein. Der Stress reduzierende Effekt echter Freundschaft wirkt natürlich auch hier und jetzt schon. Freundschaftliche Gefühle für einen Menschen führen im Gehirn zur Ausschüttung von Antistress-Substanzen, wie z. B. Serotonin und Oxytocin.

Zudem können wir bei einem echten Freund unser Herz ausschütten, frei nach dem Motto »geteilter Stress ist halber Stress«. Wenn wir ehrlich sind, treffen wir uns trotzdem viel zu selten mit unseren Freunden, schieben Anrufe oder Treffen auf, weil wir denken, vorher noch etwas Wichtiges zu erledigen zu haben.

Deshalb unser Rat: Wenn Sie sich fragen, ob Sie Ihre Freundin oder Ihren Freund nicht wieder einmal anrufen sollten, dann beantworten Sie diese Frage, ohne zu zögern, mit einem eindeutigen Ja. Lassen Sie alles stehen und liegen und greifen Sie zum Telefon. Es kann nur Gutes dabei herauskommen.

22 Backen Sie einen Kuchen

Ganz unabhängig von Bildung und Intelligenz lieben es die Menschen, einfache und elementare Dinge zu tun. Durch die Natur zu wandern, im Meer zu baden, im Keller zu werkeln, im Garten zu arbeiten. Einfach und elementar, das bedeutet: Wir sind beschäftigt, ohne zu sehr gefordert zu sein. Wir sind aktiv, ohne Stress zu haben. Wenn dabei auch noch etwas Sinnvolles oder Nützliches herauskommt, ist die Befriedigung doppelt groß.

Die Zubereitung von Speisen erfüllt diese Bedingungen in besonderer Weise. Die Beschäftigung mit Nahrungsbeschaffung und -verzehr ist eine der ältesten und elementarsten Tätigkeiten überhaupt. Heutzutage können es gerade Menschen, die das nicht mehr tagtäglich tun müssen, als äußerst entspannend erleben, für Freunde zu kochen oder für die Familie einen Kuchen zu backen.

Damit der Stressfaktor möglichst niedrig bleibt, ist es wichtig, genügend Zeit dafür einzuplanen. Währenddessen noch andere Punkte auf der To-do-Liste zu erledigen, mag zwar effizient sein, ist aber sicher nicht entspannend. Konzentriert man sich hingegen ganz darauf, ist man schon belohnt, bevor man auch nur einen einzigen Bissen zu sich genommen hat.

23 Schauen Sie Ihrem Kind beim Spielen zu

Wenn Sie in der glücklichen Situation sind, kleine Kinder zu haben, werden Sie diese Situation vielleicht gar nicht als so glücklich empfinden.

Es bleibt ein Rätsel der Natur, warum sie uns nicht nur mit bedingungsloser Liebe zu unserem Nachwuchs ausgestattet, sondern auch dafür gesorgt hat, dass uns die Kleinen durch ihre Widerspenstigkeit und Schreierei mitunter in den Wahnsinn treiben. Vermutlich eine Art evolutionäre Prüfung: Nur Familien, in denen die Liebe für die Kinder groß genug war, haben sich trotz deren Renitenz ausreichend um sie gekümmert, damit sie zu starken Erwachsenen heranwuchsen, die sich ihrerseits wieder fortpflanzten. Wahrscheinlich hat man schon damals bemerkt, dass einen die guten Momente mit einem Kind für die vielen Nächte ohne Schlaf mehr als entschädigen.

Dem eigenen Kind beim Spielen zuzuschauen, bringt solche Momente hervor. Momente, für die wir uns viel zu wenig Zeit nehmen, weil wir denken: Jetzt ist sie oder er einmal ruhig, da können wir uns um andere Dinge kümmern. Wenn wir uns aber zu unserem spielenden Kind setzen, es dabei möglichst gar nicht ansprechen oder unterbrechen, kommen wir nicht nur innerlich zur Ruhe.

Wir können von unserem Kind etwas lernen, was wir in unserer Kindheit auch einmal konnten, seitdem aber wieder verlernt haben. Jedenfalls die meisten von uns.

Es geht um ein Phänomen, das ein Psychologieprofessor sehr griffig mit dem Wort »Flow« bezeichnet hat. Flow ist das selbstvergessene Versinken in einer Tätigkeit, das vollkommene Aufgehen darin, weitgehend ohne rationale Kontrolle. Es ist einem meditativen Zustand vergleichbar und führt wie dieser zu einer messbaren Ausschüttung von Glücksbotenstoffen im Gehirn. Leider ist es sehr schwierig bzw. unmöglich, sich ein Flow-Empfinden vorzunehmen. Ähnlich wie beim Einschlafen müssen wir uns darauf einlassen, damit es von selbst geschehen kann. Als Kinder beherrschen wir das so lange, bis die rationale Kontrolle die Oberhand gewinnt und wir aus dem Flow-Paradies vertrieben werden. Ab und zu dürfen wir wieder hinein. Wir sollten uns aber nicht darauf verlassen oder es zu erzwingen versuchen.

24 Lauschen Sie einem Konzert über Kopfhörer

Musik ist längst zu einem ständigen Begleiter unseres Alltags geworden. Dieses Phänomen der Dauerberieselung wollen wir hier gar nicht bewerten. Die wahren Möglichkeiten von Musik werden auf diese Weise aber noch nicht einmal andeutungsweise ausgeschöpft.

Manche Menschen gehen ins Konzert, um Musik direkt zu erleben. Ein solches Liveerlebnis kann in der Tat stark berühren. Allzu häufig werden unsere Gedanken aber vom Wesentlichen abgelenkt: Statt der Musik zu lauschen, sehen wir schwitzende Orchestermusiker und hören jeden Huster im Publikum.

Ein Konzert über Kopfhörer mitzuverfolgen, zu Hause auf dem Sofa oder im Bett, kann einem noch ganz andere Dimensionen eröffnen. Frei von ablenkenden visuellen Einflüssen können wir die Musik im Innern unseres Kopfes stattfinden lassen und im besten Fall Glücksgefühle, Flow (siehe Nr. 23 »Schauen Sie Ihrem Kind beim Spielen zu«) und Entspannung zugleich erleben. Mehr Stresskiller geht nicht.

25 Schauen Sie einen Film von Anfang bis Ende

Manchmal kommt es einem vor, als würden wir alle unter einem zunehmenden Aufmerksamkeitsdefizit- und Hyperaktivitätssyndrom leiden (auch als ADHS bekannt und bisher vor allem bei Kindern beschrieben). Kaum noch jemand scheint inzwischen in der Lage zu sein, sich für mehr als fünf Minuten auf eine Sache zu konzentrieren.

Oder wann haben Sie das letzte Mal in einer Konferenz oder Besprechung gesessen, in der die Teilnehmer nicht nach wenigen Minuten ihr Smartphone zückten, um eine SMS zu schreiben oder ihre E-Mails zu lesen? Selbst in Restaurants gehört der Griff zum Handy zwischen den Gängen oder sogar beim Essen längst dazu wie früher das Rauchen.

Ein solches Verhalten trägt weder zur Erhöhung des Genusses noch zur Entspannung bei. Ganz zu schweigen von Situationen, die wir früher einfach auf uns wirken haben lassen, ohne etwas zu tun, rein kontemplativ und ganz entspannt. Früher war mitnichten alles besser gewesen. Im Gegenteil, vieles ist heute besser. Doch wer kann heute noch auf einer Parkbank sitzen und den Blättern im Herbst beim Fallen zuzuschauen?

Wenn wir uns mithilfe von Unterhaltungsmedien entspannen wollen, sollten wir uns auf etwas größere Einheiten einlassen. Zum Beispiel darauf, einen Film gezielt von Anfang bis Ende anzuschauen. Möglichst ohne Werbeunterbrechungen. Und falls das nicht geht, den Computer und das Handy trotzdem ausgeschaltet lassen.

26 Erlernen Sie eine Biofeedback-Methode

Die Botschaft der fünfundzwanzig bisher besprochenen Stresskiller lassen sich folgendermaßen zusammenfassen: Integrieren Sie ein regelmäßiges Bewegungsprogramm in Ihr Leben, und erlernen Sie mindestens eine bei Ihnen persönlich wirkende Entspannungsmethode.

Im 8. Stesskiller-Kapitel haben wir Ihnen Entspannungshörbücher empfohlen, die auf Autogenem Training oder der Progressiven Muskelentspannung beruhen. Im 11. Kapitel »Buchen Sie einen Yogakurs« haben wir über Yoga gesprochen. Das sind etablierte und gut untersuchte Entspannungstechniken. Doch so mancher hat seine Probleme mit den etablierten Entspannungstechniken. Es gelingt ihm oder ihr einfach nicht, bei der Sache zu bleiben, man spannt eher noch an, als loszulassen. Für diese Menschen könnten Biofeedback-Verfahren eine alternative Entspannungsmethode sein.

Das Biofeedback beruht darauf, dass Körperfunktionen, wie z. B. die Hautleitfähigkeit, gemessen werden. Auf diese Weise ist der aktuelle Stresslevel zu bestimmen. Solche Messungen führen wir bei uns im Medizinischen PräventionsCentrum Hamburg routinemäßig durch.

Beim Biofeedback werden die Messergebnisse mithilfe einer speziellen Software in Bilder übersetzt, z. B. in das Bild einer Landschaft, über der ein Heißluftballon schwebt. Steigt unser Stresslevel, steigt auch der Ballon. Bei Entspannung sinkt der Ballon. Interessanterweise können wir den Spieß auch umdrehen: Wenn wir uns darauf konzentrieren, den Ballon absinken lassen zu wollen, sinkt auch unser Stresslevel.

Das erfordert einige Übung, gelingt schließlich aber fast jedem. Denn für viele Menschen ist es einfacher, in Bildern zu denken, als sich auf den Entspannungszustand des eigenen Körpers zu konzentrieren.

Die Biofeedback-Methode sollte zunächst unter professioneller Anleitung erlernt werden. Entsprechende Spezialisten findet man u. a. auf der Homepage der Deutschen Gesellschaft für Biofeedback (www.dgbfb.de) oder auch unter www.stressmanager.de.

Ernährung und Nahrungsergänzung

> Jede Art von genussvoller Nahrungsaufnahme bedeutet Stressreduktion. Dann fährt unser Körper die Stresshormone Adrenalin und Cortisol nämlich herunter und die Antistress-Hormone herauf.

Der Wunsch ist weit verbreitet, und seine Erfüllbarkeit wird von der Werbung lautstark propagiert: Wir essen ein bestimmtes Nahrungsmittel oder trinken ein bestimmtes Getränk, und schon fällt sämtlicher Stress von uns ab. Würde es ein solches Nahrungsmittel oder Getränk tatsächlich geben, bräuchten wir die Stresskiller der anderen Kategorien nicht. Dann würden wir uns ab und zu einen Antistress-Riegel oder -Trunk gönnen – und könnten anschließend weiter durchs Leben hetzen wie bisher. Ohne Stress zu empfinden. Klingt unrealistisch? Ist es auch.

Durch erhöhte Ausschüttung von Antistress-Hormonen wird unser Körper auf Nahrungsaufnahme und Verdauung, auf Sexualität, Regeneration und Wachstum eingestellt – alles Prozesse, die in akuten Stresssituationen wenig Sinn machen, da sie den Kampf oder die Flucht nur behinderten. Deshalb ist es auch so kontraproduktiv, sich mitten in einer akuten Stressphase nebenbei und hektisch irgendetwas Ungesundes einzuverleiben.

> ### KILLER-TIPP
>
> Selbst für kleine Zwischenmahlzeiten lohnt es sich, kurz innezuhalten und sie bewusst zu genießen. Diese Erkenntnis müssen wir uns immer wieder vergegenwärtigen, damit sie nicht an der Oberfläche bleibt, sondern Teil unserer Lebensweise wird.

Darüber hinaus haben einige Lebensmittel und Nahrungsergänzungsstoffe tatsächlich die Eigenschaft, unser Stresssystem zusätzlich dämpfen zu können bzw. die negativen Folgen von Stress auf unseren Körper abzumildern. Vor Einnahme solcher Mittel kann es möglicherweise sinnvoll oder notwendig sein, Ihren Arzt zu konsultieren.

27 Nehmen Sie Vitamin D zu sich

Wann immer sich Ärzte und Ernährungsexperten zum Thema Nahrungsergänzungsmittel äußern, hört man sinngemäß folgende Aussage: »Wer sich gesund und abwechslungsreich ernährt, braucht keine Nahrungsergänzungsmittel und Vitaminpräparate zu sich zu nehmen.« Das gilt allerdings nicht für Vitamin D.

Wer viel Obst, Gemüse, Fisch, aber wenig Fleisch zu sich nimmt, wird in den allermeisten Fällen trotzdem einen nachweisbaren Vitamin-D-Mangel haben. Davon sind über zwei Drittel der Bevölkerung betroffen.

NEHMEN SIE VITAMIN D ZU SICH

Um den Vitamin-D-Bedarf allein über die Nahrung zu decken, müsste man täglich entweder mehr als zehn Liter Milch trinken oder über ein Kilo Käse essen oder mindestens einen Seefisch verzehren. Klingt wenig realistisch, oder? Was können wir dennoch tun, um genügend Vitamin D zu bekommen? Bekanntlich wird es unter dem Einfluss von UV-Licht auch in unserer Haut produziert. Im Sommer reichen schon zehn Minuten pro Tag ungeschützt im direkten Sonnenlicht, um den Tagesbedarf zu erzeugen.

Und was ist mit Hautkrebs? Vor dem sollen wir uns doch mit hochfaktorigen Sonnencremes schützen. Leider kommt dabei die Vitamin-D-Produktion gleich mit zum Erliegen. Und was ist im Winter? Fragen über Fragen, die z.B. die Skandinavier, bei denen es noch ein wenig dunkler und kälter ist als bei uns, mit einer Vitamin-D-Anreicherung ihrer Nahrungsmittel beantwortet haben.

Was aber hat Vitamin D mit Stress zu tun? Zunächst einmal ist Vitamin D eine der interessantesten und am meisten erforschten Substanzen überhaupt. Bewiesen ist seine schützende Wirkung auf die Knochen, in die es den wichtigsten Baustoff, das Kalzium, einschleust.

Vitamin D scheint außerdem so etwas wie ein generelles Schutz- und Anti-Aging-Vitamin zu sein. In vielen Geweben hat Vitamin D genau den gegenteiligen Effekt des Stresshormons Cortisol, ist also dessen wichtigster natürlicher Gegenspieler. Immer klarer zeichnet sich ab, dass Vitamin D die negativen Folgen von Stress auf unsere Gesundheit begrenzt.

Wie erhält man trotz moderater Ernährungsweise und umsichtigen Sonnenkonsums einen ausreichend hohen Vitamin-D-Spiegel? Die tägliche Einnahme von Vitamin-D-Präparaten (1 000 Einheiten) aus der Apotheke oder den Drogeriemärkten stellt eine sinnvolle Maßnahme dar, um die negativen Auswirkungen von Stress auf unseren Körper abzupuffern.

Wir empfehlen jedoch, vorher beim Arzt den persönlichen Vitamin-D- und den Calcium-Spiegel bestimmen zu lassen. Der Arzt sollte dann auch entscheiden, ob in Ihrem speziellen Fall eine reine Vitamin-D-Einnahme der kombinierten aus Calcium und Vitamin D vorzuziehen ist.

28 Essen Sie eine Banane

Obst (und natürlich auch Gemüse) ist gesund, das wussten schon unsere Großmütter. Obst enthält wertvolle Vitamine, die unsere Abwehrkräfte stärken und als Radikalenfänger wirken, also den oxidativen Stress für unsere Zellen vermindern. Darunter verstehen wir die Zellabgase, die in unserem Körper bei der Verbrennung des lebenswichtigen Energieträgers Sauerstoff entstehen. Dabei fallen Abfallprodukte, freie Radikale, an. Die schädigen fortwährend unsere Zellproteine sowie die Erbsubstanz und tragen maßgeblich zum Alterungsprozess und zur Entstehung von Krankheiten bei.

Bestimmte Vitamine wie z. B. das Vitamin C oder das Vitamin E aus Obst und Gemüse können diese freien Radikale neutralisieren und unsere Zellen vor dem oxidativen Stress schützen.

Warum aber gerade Bananen? Im Gegensatz zu anderem Obst und Gemüse enthalten Bananen zusätzlich besonders viel Kalium, ein für unseren Körper sehr wichtiger Mineralsstoff.

Kalium ist – neben Magnesium – das wichtigste Mineral zur Beruhigung unserer Nervenzellen. Diese müssen wir uns als Miniimpulsgeber vorstellen, die ständig kleine Stromschläge aussenden und über ihre Endigungen zu anderen Nerven und zu anderen Organen, wie dem Herzen, oder zur unseren Schweißdrüsen weiterleiten. Kalium fährt die Nervenaktivität bei Stress ein wenig zurück und macht uns ruhiger und gelassener. Damit wir es nicht in zu großen Mengen einnehmen, empfiehlt sich die Zufuhr aus natürlichen Quellen. Wobei wir wieder bei der Banane wären: Nimmt man sich dazu noch eine Minipause, um die Banane bewusst und in aller Ruhe zu verzehren, so wirkt sie gleich auf zweifache Weise beruhigend und entspannend.

29 Gönnen Sie sich einen Magnesium-Trunk

Neben Kalium, über das wir beim Stresskiller Nr. 28 (»Essen Sie eine Banane«) schon gesprochen haben, ist Magnesium das zweite wichtige Mineral, das die Aktivität von Nervenzellen und Muskelzellen hemmen kann. Aufgrund des letztgenannten Effektes wird es erfolgreich auch in der Therapie von Muskelkrämpfen eingesetzt. Seine Wirkung auf die Nervenzellen des Gehirns äußert sich subjektiv in einer allgemein beruhigenden Wirkung.

Magnesium ist in vielen Nahrungsmitteln und Mineralwässern enthalten, allerdings in solch geringer Konzentration, dass ein Magnesiummangel durch deren Verzehr bzw. Trinken nicht zu beheben ist.

Wollen wir den beruhigenden Effekt des Magnesiums nutzen, empfiehlt sich die Einnahme als normale Tablette oder – wegen des zusätzlich beruhigenden Effektes des Trinkens – als in Wasser aufgelöste Brausetablette. Eine solche Magnesium-Tablette sollte 200–300 mg enthalten (in Stressphasen 1–2 Tabletten pro Tag). Patienten mit Schlafstörungen empfehlen wir einen solchen Magnesium-Schlummertrunk.

Nebenwirkungen sind in dieser Dosierung nicht zu befürchten. Bei größeren Mengen kann es gelegentlich zu Durchfall kommen. Wer Magnesium einnimmt, sollte aber sicher sein, dass seine Nieren richtig funktionieren, denn die scheiden überschüssiges Mineral gleich wieder aus. Im Zweifelsfall lassen Sie den Nierenwert beim Arzt bestimmen.

Essen Sie Walnüsse

Kennen Sie den Stoff, aus dem Ihr Gehirn besteht? Okay, es ist nicht nur ein Stoff, aber immerhin bestehen bis zu zwanzig Prozent der Nervenzellen im Gehirn aus soge-

Essen Sie Walnüsse

nannten Omega-3-Fettsäuren. Diese gehören zu den essenziellen Nahrungsfettsäuren, d. h. der Körper kann sie nicht selbst produzieren, sondern sie müssen ihm von außen zugeführt werden.

Gut bekannt sind inzwischen die positiven Wirkungen der Omega-3-Fettsäuren auf das Herz-Kreislauf-System. Sie halten das Blut flüssiger und schützen vor Herzinfarkt und Schlaganfall. Eine ausreichende Versorgung des Gehirns mit Omega-3-Fettsäuren führt zur effizienteren Ausschüttung von Glücksbotenstoffen wie Serotonin und Dopamin und mindert somit Stress. Außerdem ist recht gut belegt, dass diese Fettsäuren vor der Alzheimerkrankheit schützen.

Woher aber bekommen wir diese Wundersubstanz? Eine wichtige Quelle für Omega-3-Fettsäuren ist fetter Seefisch. Deshalb sollte er ein bis zwei Mal pro Woche auf dem Speiseplan stehen. Wer Fisch nicht so gern mag, kann auf Omega-3-Fettsäuren pflanzlicher Herkunft ausweichen. Diese finden sich vor allem in Nüssen und vornehmlich in Walnüssen. Eine Handvoll davon deckt den gesamten Tagesbedarf eines Erwachsenen an Omega-3-Fettsäuren!

Und wenn man weder Fisch noch Walnüsse mag? Auch da gibt es eine Lösung. Omega-3-Fettsäuren gibt es als Medikament in der Apotheke. Fragen Sie Ihren Arzt oder Apotheker.

31 Lassen Sie ein Stück Schokolade auf der Zunge zergehen

Das bewusste, konzentrierte Wahrnehmen von Sinneseindrücken, in fernöstlichen Religionen und Philosophien als Achtsamkeit bezeichnet, führt automatisch immer auch zu Beruhigung und Entspannung.

Das Problem für unsereins ist zumeist, dass die Gedanken schnell irgendwohin anders abgleiten und wir nicht bei der Sache bleiben. Frustriert brechen wir eine Übung dann ab und widmen uns wieder unseren Alltagsproblemen. Solche Achtsamkeitsübungen bedürfen der jahrelangen, ständigen Wiederholung, um in unserem Gehirn verankert zu werden.

Wer nicht so lange warten möchte, darf sich ruhig einiger Hilfsmittel bedienen. Eine besonders geeignete Methode, Achtsamkeit zu erlernen und nachhaltig einzuüben, führt über den Geschmackssinn. Um diesen zu stimulieren, mangelt es bei uns wirklich nicht an Hilfsmitteln. So neigen wir leider dazu, diesen Sinn immer mehr zu vernachlässigen und das Essen als eine Art Nebenbei-Tätigkeit anzusehen. Wie wäre es also, sich wieder einmal voll und ganz darauf zu konzentrieren, wie etwas schmeckt?

Dunkle Schokolade ist hierfür ganz besonders geeignet. Der Geschmack ist komplex, und der hohe Kakaoanteil (er sollte bei mindestens 70 Prozent liegen) führt dazu, dass sich die Fließfähigkeit unseres Blutes verbessert. Das wiederum senkt das Risiko für Herzinfarkt und Schlaganfall.

Bestandteile des Kakaos führen im Gehirn zu einer Freisetzung der Glücksbotenstoffe Serotonin und Dopamin und damit zu einer weiteren Stressreduzierung. Worauf warten Sie also noch?

32 Trinken Sie eine heiße Honigmilch

In Kapitel 13 »Nehmen Sie ein heißes Duftbad« haben wir bereits über die ursprüngliche Geborgenheit gesprochen, die uns als Kind im Mutterleib zuteil geworden ist, und aus der wir mit der Geburt schmählich verstoßen wurden. Dennoch sehnt sich ein Teil von uns immer wieder dorthin zurück.

Ein Stück Geborgenheit wurde uns nach der Geburt vorübergehend zurückgegeben, indem uns unsere Mutter Milch zu trinken gab. Das wird nicht ohne Grund als »Stillen« bezeichnet. Vordergründig wird ein schreiendes, hungriges Baby gesättigt und damit ruhig gestellt. Doch die Mutter- und später die Kuhmilch können mehr: Sie enthalten die Aminosäure Tryptophan.

Aus Tryptophan bildet der Körper wiederum zwei Substanzen mit ausgeprägter Antistress-Wirkung: Serotonin und Melatonin. Serotonin ist die für das dauerhafte Glück zuständige Substanz unseres Gehirns. Melatonin hingegen ist unser Schlafhormon. Es wird von der Zirbeldrüse, einem kleinen Anhängsel unseres Gehirns, produziert und bei Dunkelheit freigesetzt. Voraussetzung dafür ist, dass wir genug Tryptophan zur Verfügung haben.

Die noch aus Großmutters Zeiten stammende Empfehlung, abends ein Glas Milch zu trinken, um gut schlafen zu können, ist wie so viele alte Volksweisheiten inzwischen wissenschaftlich belegt. Und warum Honigmilch?

Abgesehen davon, dass sie angenehme Kindheitserinnerungen weckt, bewirkt der im Honig enthaltene Zucker, dass das Tryptophan effizienter ins Gehirn eingeschleust wird. Dort wird es zu den Antistress-Substanzen Serotonin und Melatonin umgewandelt.

33 Die Kraft des Lavendels

Es gibt kaum jemanden, der Lavendel nicht mag, ihn nicht sofort mit Sommerurlaub und Lebensfreude assoziiert. Schon der Name ist reine Poesie. Provence, blühende Lavendelfelder, so weit das Auge reicht, und der unverwechselbare Duft – das verbinden die meisten Menschen mit diesem Wort.

Was gibt es Schöneres zum Entspannen als ein einfaches, aber bewusstes Händewaschen mit einer duftenden Lavendelseife, ein sinnlich-entspannendes Lavendelbad, der Duft einer Lavendelkerze, ein Lavendelstrauch auf dem Frühstückstisch oder eine Lavendelpflanze auf dem Balkon?

Daneben hat das aus Lavendel gewonnene Öl aber auch echte pharmakologische Effekte auf unser Gehirn. Und diese Effekte ähneln denen von chemischen Beruhigungsmitteln – nur ohne deren Nebenwirkungen. Zu

Die Kraft des Lavendels

diesem Zweck muss Lavendelöl eingenommen werden; entsprechende Kapselpräparate stehen inzwischen zur Verfügung.

Der Schein trügt also nicht: Die Lavendelpflanze ist nicht nur von sublimer Schönheit und strömt einen betörenden Duft aus, sie hat auch die Kraft einer echten Naturarznei. Die Kraft, Angst und Stress zu vermindern.

Wenn man genau darüber nachdenkt, sind Angst und Stress eng miteinander verbunden. Eine alternative Definition von Stress wäre daher auch: die Angst, einer Situation oder Aufgabe nicht gewachsen zu sein. Viele Menschen greifen in solchen Situationen zu chemischen Beruhigungsmitteln, bei denen bei längerer Einnahme die Gefahr der Abhängigkeit besteht.

Die frohe Botschaft für unser Lavendelöl lautet zudem: Seine beruhigenden Effekte sind laut einiger Studien fast so stark wie die von »chemischen Keulen«. Dabei entsteht aber kein Gewöhnungs- oder Abhängigkeitseffekt. Für besonders stressvolle Phasen kann daher die Einnahme von Lavendelöl-Kapseln aus der Apotheke sehr sinnvoll sein.

Auch wenn diese Präparate rezeptfrei erhältlich sind, konsultieren Sie zu Beginn einer solchen Behandlung am besten Ihren Arzt, um Wechselwirkungen mit anderen Medikamenten oder mögliche individuelle Unverträglichkeiten zu besprechen und auszuschließen.

Zeitmanagement und Work-Life-Balance

> Alles, was Ordnung in unser von Natur aus chaotisches Leben bringt, ist ein starker Stresskiller. Die wichtigsten dieser strukturellen Stresskiller wollen wir Ihnen im Folgenden vorstellen.

»Ordnung ist das halbe Leben!« Diesen Satz haben wir als Jugendliche nur sehr ungern gehört, weil wir ihn mit einem starren, unspontanen Lebensstil in Verbindung brachten. Im Laufe des Lebens müssen wir aber alle feststellen, dass das Gegenteil von Ordnung, das Chaos, zu den stärksten Stressoren gehört. Irgendwann müssen wir uns also entschließen, Struktur in das eigene Leben und die täglichen Abläufe zu bringen. Damit wir uns bei dem, weswegen wir auf der Welt sind, nicht im Wege stehen: glücklich zu sein.

Die Probleme der Menschen, die sich wegen Überforderung und drohenden Burn-outs bei uns im Medizinischen PräventionsCentrum Hamburg melden, lassen sich folgendermaßen beschreiben: zu viel und/oder nicht ausreichend strukturiert. Zu viele Termine, zu viele Punkte auf der To-do-Liste, zu viele Kontakte, zu viele Eindrücke, zu viel von allem. Oder aber ein heilloses Durcheinander all dieser potenziellen Stressoren.

34 Planen Sie Ihre Zeit

Dieser Stresskiller ist ebenso banal wie essenziell. Gerade die wichtigen Dinge in unserem Leben sind häufig so banal, dass wir immer wieder Gefahr laufen, sie zu vergessen. Obwohl sie so wichtig sind. Ein gutes und effektives Zeitmanagement gehört zu diesen essenziellen Dingen. Denn Zeit ist nun einmal unsere kostbarste Ressource. Hinzu kommt, dass Zeitmanagement einen starken Gegner hat: den Mythos der Spontaneität. Dieser steht vor allem bei jüngeren Menschen hoch im Kurs. »Verschwende deine Jugend!« könnte man diese Haltung nennen, frei nach dem Roman von Jürgen Teipel. In unserer Gesellschaft gilt es als cool, keinen Plan zu haben, oder zumindest so zu tun.

In vielen Interviews mit Künstlern oder Sportlern heißt es: »Ich lasse die Dinge einfach auf mich zukommen, ich plane da nichts, mir gefällt es, mich treiben zu lassen.« Keiner würde behaupten, ich habe das durchgeplant und ziehe es nun auch durch. Das würde zu sehr nach kaltem Karrierestreben klingen.

Die Wahrheit ist allerdings eine andere. Fast alle erfolgreichen Menschen zeichnen sich neben dem Talent für ihren Beruf auch durch konsequente Planung und außergewöhnliches Durchhaltevermögen aus. Seien Sie also skeptisch gegenüber Aussagen wie oben.

Es hat sich im Zeitmanagement bewährt, solche To-do-Listen jahres- und wochenweise zu erstellen. Sich einmal im Jahr zu fragen, z. B. am Geburtstag oder zum

Jahresende, was das kommende Jahr bringen soll, welche Projekte man wann realisieren will, das hat nichts mit Erstarrung oder fehlender Spontaneität zu tun. Ein grober Jahresplan soll eine Richtschnur sein, eine ungefähre Orientierung geben auf dem »Zeitmeer unseres Lebens« – mit dem Hauptziel, stressärmer unterwegs zu sein. Die Feinjustierung erfolgt mit dem Wochenplan, der einzelne Aufgaben auf die Tage verteilt und, noch wichtiger, ihnen Prioritäten zuweist.

Wie Sie eine solche To-do-Liste führen, ob handgeschrieben, auf dem Computer oder dem Smartphone, bleibt Ihnen selbst überlassen. Wichtig ist nur, dass Sie es tun und dabei nicht nur von Tag zu Tag, sondern auch in größeren Zeiteinheiten planen. Sonst laufen Sie Gefahr, den Wald vor lauter Bäumen nicht zu sehen.

Noch einmal: Der Rat, seine Zeit zu planen, klingt banal. Wir stellen jedoch immer wieder fest, wie viele Menschen das dennoch nicht tun. Wenn Sie aber zu jenen gehören, die ihre Zeit konsequent durchplanen, dann sind Sie reif für die nächste Stufe, diesen Plan ab und zu auch einmal zu durchbrechen.

> ## KILLER-TIPP
>
> Eine gute To-do-Liste ist stets hierarchisch aufgebaut – mit den wichtigsten Dingen ganz oben. So wirken wir der Tendenz entgegen, Dingen eine hohe Priorität einzuräumen, die zwar leicht zu erledigen, aber eher unwichtig sind.

35 Legen Sie einen elektronikfreien Tag ein

Nein, werden Sie denken, das kann ich mir überhaupt nicht leisten. Unmöglich! Mittlerweile hängen wir beinahe alle am Internet, an E-Mails und Smartphones wie ein Nikotinsüchtiger an seiner Zigarette. Ähnlich wie dieser nach der 15. Zigarette fühlen wir uns beim erneuten Checken der E-Mails oder beim Aufrufen unserer Facebook-Seite: immer weniger befriedigt.

Tatsächlich handelt es sich bei der »online addiction« um die am schnellsten wachsende Sucht weltweit. Mit Staunen blicken wir auf die Zeiten zurück, als es noch kein Internet und kein Handy gab. Wie haben wir das nur ausgehalten?, fragen wir uns. Wobei bei einigen inzwischen auch ein gewisser sehnsüchtiger Unterton nach einem elektronikfreien Leben herauszuhören ist.

Ein elektronikfreies Leben ist heute nur schwer vorstellbar. Es sei denn, man wollte sich bewusst ausgrenzen. Und in den meisten Berufen ist ein Verzicht auf Mobiltelefon, Internet und E-Mail ohnehin ausgeschlossen. Leider hat das Surfen im Internet oder das E-Mail-Checken ungefähr den gleichen Entspannungseffekt wie das Zappen durch die Fernsehkanäle: keinen. Statt unsere Pausen für diese Tätigkeiten zu nutzen, brauchen wir eine Pause von diesen Tätigkeiten. Wir müssen lernen und uns überwinden, elektronikfreie Zonen in unseren Alltag einzubauen. Denn die Nutzung dieser Medien entspricht einem leichten Dauerstress, der sich auf den ohnehin vorhandenen Alltagsstress noch oben draufsetzt.

Und ab und an sollten wir uns das Unglaubliche gönnen: Einen Tag, an dem Handy und Computer komplett ausgeschaltet bleiben. Versuchen Sie es einmal. Es wird nicht leicht, aber Sie werden danach besser schlafen.

Sagen Sie einen Termin ab

Geht das denn? Darf ich das? Diese Frage bekommen wir häufig zu hören, wenn wir den Burn-out-Kandidaten in unserer Sprechstunde diesen Vorschlag machen. Disziplin und Zuverlässigkeit zählen gerade in Deutschland zu den weit verbreiteten Tugenden, um die uns andere ja auch durchaus beneiden.

Wenn ein Termin allerdings
- nichts bringt, sondern nur ein aus Höflichkeit vereinbarter Pseudotermin ist,
- oder durch andere Kommunikationswege ersetzt werden kann,
- oder die Grenze des für uns Leistbaren erreicht oder gar überschreitet,

dann sollten wir der Wahrheit ins Auge sehen, über unseren Schatten springen und den Termin schlicht und einfach absagen. Dabei sollte man einen der drei oben genannten Gründe nennen und auf Notlügen so weit wie möglich verzichten. Natürlich gilt es, hier einen diplomatischen Weg zu finden und eine der genannten Wahrheiten zum Ausdruck zu bringen. Im ersten Fall könnte man z.B. sagen: »Ich sehe im Moment nicht, wie wir dieses Projekt gemeinsam umsetzen können. Wenn sich an der Situation grundlegend etwas ändert, können wir gerne wieder aufeinander zu kommen.« Auch in den beiden anderen Fällen führt eine höflich verpackte, aber ehrliche Begründung zum Ziel: den Stress von einer Sekunde auf die andere massiv zu reduzieren und dennoch sein Gesicht zu wahren.

Werfen Sie etwas weg

Jedes Ding im Universum und erst recht in unseren eigenen vier Wänden ist ein potenzieller Stressor. Dann müssen wir uns in irgendeiner Weise darum kümmern, und sei es nur, dass wir es irgendwo unterbringen oder lagern. Deshalb macht es Sinn, die Zahl der Gegenstände in unserem Haus oder in unserer Wohnung nicht immer weiter anwachsen zu lassen (siehe Nr. 40 »Räumen Sie einen Platz in Ihrer Wohnung auf«). Das scheint von ganz allein zu passieren. Vergleichbar dem Körpergewicht.

Aktiv müssen wir darauf achten, dass wir nicht immer mehr unnützes Zeug anhäufen. Besser ist, wir reduzieren es. Die Umsetzung der beiden folgenden Tipps kann auf Dauer ungeahnte (positive) Wirkungen erzielen:
- Für jeden neu erworbenen Gegenstand entsorgen wir einen anderen, möglichst aus der gleichen Kategorie.
- Einmal pro Woche ist Wegwerftag, an dem wir einen Gegenstand in unserer Wohnung ersatzlos entsorgen. Das geht einfach und schnell. Stellen Sie sich dabei auch noch vor, ein kleines Stück Ihres Stresses gleich mitzuentsorgen (denn so ist es ja auch), fühlen Sie sich gleich doppelt gut.

38 Führen Sie Tagebuch

Klingt vielleicht altmodisch, ist aber extrem wirksam – so lässt sich der Effekt regelmäßigen Tagebuchführens zusammenfassen. Ein Tagebuch kann viele Stress reduzierende Funktionen erfüllen.

Man kann sich dort seine Probleme im wahrsten Sinne des Wortes von der Seele schreiben. Ein Tagebuch ist wie ein Freund, der immer zuhört. Oder wie ein Psychoanalytiker, bei dem man frei assoziieren kann. Ein Tagebuch ist auch ein Coach. Indem man Probleme niederschreibt, werden sie einem häufig erst richtig bewusst. Manchmal offenbart sich dabei schon eine Lösung des Problems.

Ein Tagebuch muss keineswegs immer alle Aspekte des eigenen Lebens erfassen. Man kann auch gezielt Tagebuch schreiben. Zum Beispiel ein Stress- und Entspannungstagebuch. Oder ein Sporttagebuch, ein Schlaftagebuch, ein Ernährungstagebuch, ein Kulturtagebuch. Je nachdem, wo der Schuh gerade am meisten drückt, welches Problem man gezielt angehen will, oder was einen gerade beschäftigt. Sich die wichtigen Dinge und Probleme im Leben schreibend bewusst zu machen, nimmt einem schon einen Teil des Stresses. Und es motiviert, weiterzumachen und besser zu werden.

Ein zentrales Problem des Tagebuchschreibens ist natürlich die Diskretion. Man sollte sich von dem Gedanken frei machen, irgendjemand könnte das Tagebuch eines Tages lesen. Dann schreibt man anders. Befangener.

Weniger ehrlich. Wenn man in seinem Tagebuch zu absoluter Ehrlichkeit sich selbst gegenüber gekommen ist, sollte man dafür sorgen, dass keiner Zugang dazu hat.

Kürzen Sie Ihre To-do-Liste

Wenn wir unseren Wochenplan erstellen und dabei jedem Tag seine eigene kleine To-do-Liste zuordnen, neigen wir leider immer wieder dazu, die Zeit falsch einzuschätzen und uns zu viel vorzunehmen. Am Ende des Tages erfüllt uns ein Gefühl der Frustration, weil wir mehrere Punkte auf der Liste nicht haben erledigen können.

Der Trick ist, sich von vornherein deutlich weniger vorzunehmen. Dabei hat es sich zum einen bewährt, Hierarchien zu bilden, d.h., die einzelnen Punkte auf der Liste werden nach ihrer Priorität geordnet. Zum anderen ist es wichtig, einen ungefähren Zeitrahmen für jeden einzelnen Punkt festzulegen. Denn auf der Liste sieht der Punkt »Arbeitszimmer aufräumen« genau so lang aus wie »Geburtstagskarte an Tante Lore schreiben«.

Bleibt neben der Geburtstagskarte noch Platz für die eine oder andere Aktivität, nimmt das Arbeitszimmer sicher einen halben oder sogar ganzen Tag in Anspruch. Eine einfache Erkenntnis, die aber dennoch zu selten umgesetzt wird.

Nun kommen wir aber zum entscheidenden Punkt: An einem Tag der Woche sollte die To-do-Liste nur aus einem einzigen Punkt bestehen, der nicht den ganzen

Tag in Anspruch nimmt. Der Freitag bietet sich dafür in idealer Weise an. Wenn Sie bis dahin alle anderen Punkte abgearbeitet haben und nur noch dieser eine Punkt übrig ist, beginnt das Wochenende im Kopf schon einen Tag früher, und Sie werden sofort entspannen.

Sollten Sie die Punkte für Montag bis Donnerstag nicht alle erledigt haben, bleibt ihnen auf diese Weise der Freitag als zeitlicher Puffer, was ebenfalls erheblich zur Entspannung beiträgt. Dagegen erzeugt schon die Idee Stress, alle Tage von morgens bis abends vollgepackt zu haben. Also: Freitag ist Puffertag.

40 Räumen Sie einen Platz in Ihrer Wohnung auf

»Wir sollten die Wohnung mal wieder gründlich aufräumen.« Es gibt wohl keine Familie, in der dieser Satz nicht von Zeit zu Zeit fällt. Alte Bücher und Zeitschriften stapeln sich ungeordnet in den Ecken, der Kleiderschrank sieht aus wie eine Altkleidersammlung, und alle freien Flächen sind vollgestellt mit irgendwelchem Nippes. Dazu brauchen wir mindestens eine Woche, ist dann meist der nächste Gedanke, wodurch das Projekt auf unbestimmte Zeit verschoben wird. Die Lösung für dieses Problem: Nehmen Sie sich weniger vor.

Warum muss es denn immer gleich die ganze Wohnung, das ganze Haus, das ganze Leben, das ganze Land, das ganze Universum sein? Wenn wir auch nur einen kleinen Bereich unserer Wohnung in Ordnung bringen, haben wir gleich das Gefühl, unser Leben im Griff zu

KILLER-TIPP

Wichtig ist, irgendetwas kommt weg. Wir alle neigen nämlich mehr und weniger zum Messietum, haben die Tendenz, Dinge aufzubewahren, weil Erinnerungen daran hängen. Wie können wichtige Erinnerungen an etwas hängen, von dem Sie fünf Jahre lang gar nicht wussten, dass Sie es noch besitzen? Weg damit! Ein Stressor weniger.

haben. Das ist mehr, als ein größeres Projekt nur halb durchzuziehen. Und das Gefühl, unser Leben im Griff zu haben, ist ein Stresskiller erster Ordnung.

Nehmen Sie sich also eine Stunde Zeit und knöpfen Sie sich z. B. den Kleiderschrank vor. Erst einmal alles raus. Innen auswischen. Dann alles aussortieren, was Sie drei Jahre lang nicht mehr getragen haben. Anschließend die wirklich beliebten Sachen ordentlich wieder in den Schrank räumen, den Rest in die Altkleidersammlung geben. Fertig.

Zur Belohnung eine Tasse Tee und eine Praline. Sie werden sich großartig fühlen, viel besser, als es diese vermeintlich kleine Aufgabe, die Sie gelöst haben, vermuten lassen würde.

Oder Sie machen das Gleiche mit einem (!) Bücherregal. Oder mit der kleinen Abstellkammer, in der sich altes Kinderspielzeug neben was auch immer stapelt. Hauptsache, Sie widmen sich nur dieser einen Sache.

Machen Sie keine Schulden

Geld ist ein Stresskiller. Und zwar das Geld, das wir auf der Bank sicher angelegt haben – ohne spekulatives Risiko (sonst kann es natürlich auch das Gegenteil bewirken). Warum Geld Stress reduziert, wird einem klar, wenn man sich überlegt, was Schulden in der menschlichen Psyche anrichten können: Schulden zählen zu den stärksten Stressoren überhaupt.

Der wichtigste Stresskiller auf diesem Gebiet ist also, keine Schulden zu machen. Auf jeden Fall keine, die man nicht ganz sicher zurückzahlen kann. Dazu bedarf es meist nicht viel mehr, als die eigenen Konsumansprüche niedriger anzusetzen als die finanziellen Möglichkeiten. Was so einfach klingt, wird in einer Welt voller Verheißungen der Werbung zu einer der größten Herausforderungen überhaupt. Da bedarf es schon eines starken Glaubenssatzes (siehe Nr. 15 »Kreieren Sie einen positiven Glaubenssatz«), etwa von der Art: »Ich bin zufrieden mit dem, was ich habe.« Und wie bei Glaubenssätzen üblich, müssen wir uns das tagtäglich ins Gedächtnis rufen.

Diesen Glaubenssatz sollten wir von Anfang an konkret in unser Handeln einfließen lassen. Statt weiter Schulden zu machen, sollten wir diese abbauen und uns parallel dazu ein finanzielles Polster zulegen, das unseren Möglichkeiten entspricht. Das können 50 Euro, aber auch 500 oder 5 000 Euro pro Monat sein. Die Stresskillerwirkung eines solchen finanziellen Puffers ist nicht von der absoluten Höhe des Betrages abhängig, sondern davon, dass es diesen Puffer überhaupt gibt und dass er langsam, aber stetig anwächst. Denn einer Sache können Sie sicher sein: Geld allein macht nicht unglücklich!

42 Gehen Sie vor der Zeit zum Friseur

Haben Sie manchmal auch das Gefühl, sich selbst die ganze Zeit hinterherzulaufen? Und Dinge aufzuschieben, bis sie sich vom »Ich könnte mal«-Topf über den »Ich sollte mal«-Topf bis zum »Jetzt ist es aber wirklich höchste Zeit«-Topf bewegt haben? Wenn dem so ist, können wir Sie in einem Punkt beruhigen: Sie stehen mit diesem Verhalten nicht allein da. Wir alle neigen mehr oder weniger zur Aufschieberitis (Prokrastination). Ganz werden wir das aus uns auch nicht herausbekommen, denn der Mensch ist von Natur aus träge und faul. Gern führen wir das Wort »morgen« im Mund.

Der Vorteil liegt auf der Hand: unmittelbare Stressminderung. Der Nachteil: Stressverdoppelung am nächsten Tag, weil das Verschobene mit den Aufgaben des neuen Tages kollidiert. Oder das zu lösende Problem sich bis dahin deutlich verschlimmert hat.

Das Friseurbeispiel ist noch ein mildes. Wenn die Haare zu lang sind oder etwas ungepflegt aussehen, bricht nicht gerade die Welt zusammen. Wir haben dieses Beispiel jedoch gewählt, weil es sehr schön zeigt, dass man durch rechtzeitiges Handeln nicht nur Stress mindern, sondern Lebensfreude auch aktiv generieren kann.

Wenn wir in dem Moment zum Friseur gehen, in dem uns der Gedanke kommt, sich mal wieder die Haare schneiden zu lassen, fühlen wir uns irgendwie unter Kontrolle (vielleicht sogar stärker, als es objektiv angemessen wäre; aber das ist auch gut so). Danach kommt es uns vor, wie erfrischt, auf eine Art verjüngt, manchmal sogar wie neu geboren zu sein – ohne längere, quälende Phasen eines vorangehenden kritischen In-den-Spiegel-Schauens. Damit das Ganze nicht als Werbekampagne für das Friseurhandwerk missverstanden wird, lassen sich noch andere, z. T. wesentlich drastischere Beispiele anführen:
- Den Kühlschrank reinigen, bevor sich der erste Schmierfilm auf den Ablageplatten zeigt.
- Das Auto in Ruhe zur Inspektion fahren, wenn alles noch funktioniert.
- Der Gang zum Zahnarzt aus Gründen der Prophylaxe, beim ersten leichten Ziehen eines Zahns oder erst dann, wenn alles vereitert ist, der Zahn pocht und wir Gefahr laufen, eine Blutvergiftung zu bekommen.

All diese Beispiele zeigen: Wenn wir agieren, bevor es absolut notwendig geworden ist, wenn wir also immer ein wenig präventiv denken und handeln, ersparen wir uns vor allem eines: überflüssigen Stress.

43 Planen Sie Ihren Urlaub lange im Voraus

Last-Minute-Urlaube sind in. Es ist fantastisch, wie kurzfristig man heute im Reisebüro oder am eigenen PC einen Flug, ein Hotel oder einen Pauschalurlaub buchen

Planen Sie Ihren Urlaub lange im Voraus

kann. Diese Art von Urlaubsplanung gibt einem das Gefühl von Entscheidungsfreiheit und Spontaneität. Ein wesentliches Element geht dabei jedoch verloren: die Vorfreude.

Diese ist bekanntlich ja die beste Freude. Warum ist das so? Unser Gehirn lebt nach dem Prinzip Hoffnung, das evolutionsbiologisch tief in uns verankert ist. Es ist der stärkste Motor, um immer weiterzumachen in einer Welt, die alles andere als freundlich zu uns ist. Ohne diesen Motor hätte unsere Spezies nicht überlebt.

Wer in der Steinzeit statt des Prinzips Hoffnung den Gedanken »Hat ja doch alles keinen Zweck« in sich trug, den hat die Evolution aussortiert. Und so leben wir heute noch mit der illusionären Idee, dass eines Tages alles besser wird. Das Prinzip Hoffnung ist also eine neurobiologische Tatsache, die wir akzeptieren und nutzen sollten. Denn sie macht unser Leben besser.

Vorfreude ist eine Variante dieses Prinzips Hoffnung. Vorfreude auf einen Urlaub wirkt bis zu dem Moment, in dem wir ihn antreten, als Stresskiller in unserem täglichen Existenzkampf. Die ganze Zeit über denken wir bewusst oder unbewusst: Das mag alles schwer und unangenehm sein, doch in drei Monaten habe ich Urlaub, und dann werde ich mich richtig entspannen.

Wenn wir unseren Urlaub früh buchen, bekommen wir nicht nur die berühmten Rabatte gleichen Namens. Wir bekommen mit der Vorfreude auch noch einen Stresskiller geschenkt, der fast ebenso gut wirkt wie der Urlaub selbst. Manchmal sogar besser.

44 Setzen Sie sich ein Ziel

Die beste Zeitplanung und eine noch so ausgeklügelte To-do-Liste bringen nichts, wenn wir nicht wissen, wohin das Ganze führen soll. Wenn wir kein klares Ziel vor Augen haben, gerät jedes Zeitmanagement sehr schnell zum Selbstzweck.

Es ist für uns immer wieder erstaunlich festzustellen, dass sich nur wenige Menschen kurzfristige, mittelfristige und langfristige Ziele setzen. Vielleicht haben es diese Menschen geschafft, ihren momentanen Stress durch effizientes Zeitmanagement zu reduzieren. In dem Moment aber, in dem sie feststellen, dass sie sich auf der berühmten »Road to nowhere« befinden, drohen sie direkt in den Burn-out abzurutschen.

Was sind solche Ziele, und wie formuliert man sie? Um auf den zweiten Teil der Frage zuerst zu antworten: möglichst exakt. Also nicht, ich will glücklich sein (das ist eher eine Grundhaltung, die man einnehmen sollte, kein Ziel). Oder: Ich will meinen Beruf gut machen (dito).

Zuerst sollte man seine langfristigen Ziele formulieren und die kurzfristigen daran orientieren. Ein langfristiges Ziel für einen mittelständischen Unternehmer könnte z. B. lauten: Ich will mein Unternehmen innerhalb von fünf Jahren zu den drei umsatzstärksten in der Branche und in meiner Region machen. Das mittelfristige Ziel wären dann bestimmte Umsatzvorgaben pro Jahr. Kurzfristig heißt für Unternehmen: meist von Monat zu Monat.

Kaufen Sie sich einen Scanner

Ist ein solches Vorgehen in der Wirtschaft noch einigermaßen üblich und verbreitet, wird es in anderen Bereichen des Lebens viel zu selten angewendet. Doch auch hier kann ein konkretes Ziel eine gute Orientierung sein und stark motivieren. Etwa: In fünf Jahren will ich mein eigenes Häuschen im Grünen haben. Dazu muss ich 12 000 Euro pro Jahr ansparen, also monatlich 1 000 Euro. Oder: Ich will im Lauf des nächsten Jahres zehn Kilo abnehmen, also knapp ein Kilo pro Monat. Oder: Ich möchte in zwei Jahren gut Spanisch sprechen.

Die Formulierung konkreter Ziele ist keine leichte Aufgabe, denn wir müssen uns darüber im Klaren sein oder werden, wer wir sind und was wir wollen. Und warum. Manchmal bekommt man das allein hin, manchmal aber auch nur mit Hilfe eines Coaches (siehe Nr. 47 »Buchen Sie eine Coaching-Stunde«).

 ## Kaufen Sie sich einen Scanner

Wenn Sie jedes Blatt Papier in einem Aktenordner als kleinen Stressor betrachten, dann zeigen wir Ihnen jetzt einen Weg, Ihren gesamten Dokumentenstress um über 75 Prozent zu reduzieren. Warum sollte ein einfaches Blatt Papier im Aktenordner in Ihrem Arbeitszimmer ein Stressor sein? Ganz einfach, weil es nicht bei einem Blatt Papier bleibt, sondern sich über die Jahre Tausende von Blättern dazugesellen. Ganz gleich, ob Sie diese in Ordnung halten oder nur stapeln: Es sind zu viele, und sie nehmen zu viel Platz ein, um die Übersicht zu behalten. Und fehlende Übersicht bedeutet Stress.

Vor zehn oder zwanzig Jahren gab es hierfür noch keine vernünftige Lösung außer ständiges Durchforsten und Aussortieren. Dank der Erfindung einfacher und für den Hausgebrauch geeigneter, preiswerter Hochleistungsscanner gibt es heute diese Lösung. Unsere Empfehlung lautet: Kaufen Sie sich ein solches Gerät. Allerdings sollten Sie darauf achten, dass der Scanner sowohl eine Papiereinzugsfunktion (geht schnell) als auch eine Auflagenfunktion hat (erlaubt auch das Scannen gehefteter oder gebundener Dokumente).

Und dann geht es los. Legen Sie in Ihrem Computer einen Ordner an, der den gleichen Namen trägt wie der Aktenordner im Schrank. Scannen Sie alle Dokumente dieses Aktenordners ein. Überlegen Sie anschließend, welche Dokumente Sie unbedingt im Original behalten müssen. Unserer Erfahrung nach sind das meist weniger als zehn, auf jeden Fall weniger als fünfundzwanzig Prozent. Kennzeichnen Sie die eingescannten pdf-Dateien jener Dokumente mit einem Stern, die Sie auch im Original behalten.

Im nächsten Schritt entsorgen Sie nun die entbehrlichen Dokumente. Beispiel: Im Aktenordner mit der Aufschrift »Krankenversicherung« müssen nur die Versicherungspolicen verbleiben. Die gesamte Korrespondenz mit der Versicherung benötigen Sie hingegen nur elektronisch.

Für neu hinzukommende Dokumente bietet sich die gleiche Vorgehensweise an: wochenweise in einer Scanner-Ablage sammeln, dann einscannen und überflüssige Unterlagen entsorgen.

46 Machen Sie einen Gesundheits-Check

Über den Stress reduzierenden Effekt präventiven Denkens und Handelns haben wir uns schon Gedanken gemacht (siehe Nr. 42 »Gehen Sie vor der Zeit zum Friseur«). Es erspart einem eine Menge Ärger und Stress, wenn man ein Problem erkennt und behebt, bevor es akut geworden ist. Wo könnte diese Regel mehr gelten als bei der eigenen Gesundheit? Und wo brechen wir sie gleichzeitig häufiger als genau dort?

Wir alle sind mit der Idee aufgewachsen, das Gesundheitssystem ist dazu da, Kranke zu behandeln. Mit anderen Worten, um die Gesundheit kümmert man sich erst, wenn sie in Gefahr ist. Beim Arzt erhält man eine immer bessere, pharmakologisch und technologisch höherwertige Medizin, welche die Krankheit entweder heilt (selten) oder mildert (häufiger). Dieser Reparaturmedizin verdanken wir u.a., dass wir immer länger leben. Der Preis dafür ist allerdings in mehrfacher Hinsicht sehr hoch. Reparaturmedizin kostet sehr viel Geld. Außerdem birgt sie für die Betroffenen allerlei Unbill, von Medikamentennebenwirkungen bis hin zu Stress und der Gefahr, die z.B. eine Operation mit sich bringt. Von erkrankungsbedingten chronischen Behinderungen ganz zu schweigen. Dabei könnten wir uns mehr als die Hälfte dieser stressvollen Behandlungen ersparen, wenn wir präventiv denken und handeln würden.

Die Basis der präventiven Medizin ist die Einhaltung regelmäßiger Vorsorgeuntersuchungen. Dabei erfahren wir nicht nur, ob sich in unserem Körper irgendwo eine

Krankheit versteckt oder nicht, sondern wir lernen auch unser persönliches Risikoprofil kennen, unsere Stärken und Achillesfersen. Wenn wir die kennen, können wir unseren Lebensstil darauf zuschneiden und ihn optimieren. Das geht vom persönlichen Alkohollimit über den am besten geeigneten Sport bis hin zu Nahrungsergänzungsmitteln und dem persönlichen Vitaminbedarf.

47 Buchen Sie eine Coaching-Stunde

Coaching ist in aller Munde. Ursprünglich und bis heute wird es im Sport verwendet, wo es bekanntlich so viel wie Trainer heißt. Ein Coach ist jemand, der einen Sportler oder ein ganzes Team trainiert, selbst aber nicht mitspielt. Genau darum geht es auch beim psychologischen Coaching: Jemand Erfahrenes mit dem Blick von außen hilft uns herauszufinden, wie wir unser Leben besser gestalten können. Die Entscheidungen treffen und das Leben leben müssen wir dann schon selbst. Im Gegensatz zur Psychotherapie richtet sich das Coaching an psychisch Gesunde in schwierigen Lebenssituationen. Es ist also für jedermann geeignet und akzeptabel. Tatsächlich gibt es keinen Menschen, der nicht von einem Coaching profitiert. Was kann Ihnen ein Coaching persönlich bringen, und wie kann es Ihre Stressbelastung reduzieren?

Wenn Sie sich in einer schwierigen Lebenssituation befinden, weil Sie z.B. gerade eine Trennung hinter sich haben oder ein wichtiger Mensch in Ihrem Leben gestorben ist oder es berufliche Konflikte gibt, dann versuchen Sie das Problem zuerst mit sich selbst zu lösen. Möglicherweise besprechen Sie es auch mit Ihnen nahestehenden Menschen. 95 Prozent dieser Lebenssituationen werden Sie auf diese Weise meistern können.

Es gibt jedoch Situationen im Leben eines Menschen, in denen er das Gefühl hat, allein nicht mehr herauszukommen. Mit seinem Latein am Ende zu sein. Sich im Kreise zu drehen. Auch die Familie und Freunde sind zu nah dran, um einen Ausweg aufzuzeigen. In solchen Augenblicken kann allein schon das Gefühl, sich mit jemand Neutralem und Verständigem auszusprechen, zu großer Erleichterung führen. Für manche Menschen kann ein Pastor oder Priester eine solche Person sein. Für eine wachsende Zahl von Menschen ist es aber eher ein ausgebildeter Coach, ein Psychologe oder Arzt, dem sie sich eher anvertrauen wollen.

Natürlich finden Sie Coaching-Angebote in Ihrer Nähe ganz einfach über das Internet. Es gibt aber ein besseres Gefühl, wenn Sie dabei auf persönliche Empfehlungen zurückgreifen. Ihr Hausarzt z. B. kann Ihnen aller Wahrscheinlichkeit nach einen guten Coach nennen. Vielleicht ist er ja sogar selbst einer.

48 Geben Sie ein Amt auf

Aufgrund unserer guten Erziehung tendieren wir dazu, nicht immer richtig Nein sagen zu können. Vor allem dann nicht, wenn uns jemand mit schmeichelndem Unterton ein Amt, eine Aufgabe oder eine sonstige Verantwortung übertragen möchte. Schließlich muss sich ja jemand um diese Dinge kümmern.

Zunächst einmal macht es immer Sinn, bei einer solchen Nachfrage um Bedenkzeit zu bitten. Damit erwirbt man sich größeren Respekt und zugleich mehr Freiheit, in Ruhe zu überlegen,
- ob einem die Aufgabe Spaß macht,
- ob man der Aufgabe sowohl zeitlich als auch vom Anspruch her gewachsen ist,
- welche Vor- und Nachteile damit verbunden sind, eine solche Aufgabe zu übernehmen.

Selbst wenn am Ende doch ein Ja herauskommt, wird die Dankbarkeit der anderen größer sein bei sofortiger Zusage, da sie eine Zeit lang darum bangen. Auch ein Nein wird eher akzeptiert, denn damit musste wegen Ihrer Bitte um Bedenkzeit ebenfalls gerechnet werden. Was aber, wenn Sie Ja gesagt haben und dann feststellen, dass Ihnen das alles zu viel wird? Haben Sie in einer solchen Situation das Recht, einfach hinzuschmeißen? Selbstverständlich haben Sie das, auch wenn es sich nicht so anfühlt. Sie haben in Wirklichkeit nicht nur das Recht, sondern auch die Pflicht sich selbst gegenüber, Ballast abzuwerfen, wenn Sie ihn nicht mehr tragen können. Sonst wandeln Sie auf dem direktesten Weg in den Burn-out.

Allerdings gibt es mehr oder weniger elegante Abgänge. Um den anderen nicht das Gefühl zu vermitteln, sie einfach im Stich zu lassen, sollten Sie Ihren Abgang mit einem gewissen zeitlichen Vorlauf ankündigen. So können sich alle darauf einstellen und für Ersatz sorgen.

Die Begründung kann ruhig ehrlich sein, denn zeitliche Überlastung kennt jeder von uns. Und selbst wenn Sie von heute auf morgen hinschmeißen müssen oder wollen, wird man Ihnen immer viel weniger böse sein, als Sie zunächst dachten. Ihr Leben ist endlich, Ihre Zeit begrenzt. Tun Sie nur das, was anderen und Ihnen etwas bringt.

Handeln Sie antizyklisch

Jedes Jahr zu Ferienbeginn das gleiche Bild: Kilometerlange Staus verstopfen die Autobahnen und machen den Urlaubsanfang zu einem stressvollen Ereignis für Millionen von Menschen. Wer nur zwei Tage später reist, gleitet entspannt über die Autobahn und muss am Flughafenschalter nicht stundenlang anstehen. Warum wählen nur so wenige Menschen die zweite Variante?

Ein anderes Beispiel ist der Schlussverkauf, auch wenn der nicht mehr so heißt. Oder die Eröffnung eines neuen Apple Stores. Oder in den 2000er-Jahren das Erscheinen eines neuen Harry-Potter-Bandes. Warum genau in dem Moment anstehen, wenn Tausende andere es auch tun?

Menschen haben Angst, etwas zu verpassen, wenn sie nicht von Anfang an dabei sind. Kennen Sie auch dieses Gefühl, etwas Wichtiges zu verpassen, zwei Urlaubstage zu verschenken, nicht mehr das beste Sonderangebot zu ergattern? Seien Sie aber versichert, Sie verpassen nichts. Oder wenn Sie es aus Ihrer Perspektive formulieren: Ich verpasse nichts (Positiver Glaubenssatz!).

50 Zelebrieren Sie einen »Tag der Unordnung«

»Man muss noch Chaos in sich tragen, um einen tanzenden Stern gebären zu können«, hat der Philosoph Friedrich Nietzsche einmal gesagt. Wir haben bei den Stresskillern der Kategorie 4 viel über Planung und Ordnung gesprochen, damit Sie Ihre Ziele möglichst stressarm erreichen.

Vielleicht gehören Sie ohnehin zu den Menschen mit einer gewissen Tendenz zum ständigen Ordnen und Aufräumen, sodass Sie in Ihrem Umfeld dafür schon bekannt sind. Psychologen sprechen in diesem Zusammenhang von einem zwanghaften Charakter. Allen Menschen, speziell aber den zwanghaft Veranlagten, tut es gut, ab und zu einmal fünf gerade sein zu lassen.

Wenn wir unser Leben komplett durchtakten, töten wir etwas in uns noch zu Lebzeiten ab. Wir brauchen die Brüche, die Abwechslung, die Ausnahmen, um das Gefühl zu haben, wirklich am Leben zu sein.

Deswegen am Ende dieses Buches das Plädoyer für einen »Tag der Unordnung«. Halten Sie sich mindestens einen Tag pro Monat frei, an dem Sie alles über den Haufen werfen, worüber wir bei den Stresskillern der Kategorie 4 gesprochen haben. Leben Sie einfach in den Tag hinein. Machen Sie, was Sie wollen, schaffen Sie »Oasen der Zeitlosigkeit«. Wenn das heißt,
- den ganzen Tag im Bett zu liegen: gut,
- von morgens bis abends fernzusehen: gut,
- etwas Ungesundes zu genießen: auch gut.

Selbsttest: Wie gestresst bin ich wirklich?

Wir alle meinen, recht gut einschätzen zu können, wie gestresst wir sind. Tatsächlich weichen Stressmessungsergebnisse deutlich von der subjektiv empfundenen Stressbelastung ab.

Ein recht gutes und wirklichkeitsnahes Bild liefert die Erhebung des Stressstatus mittels wissenschaftlich geprüfter Fragebögen wie z. B. dem TICS (Trier Inventory of Chronic Stress). Angelehnt an diesen haben wir den folgenden, einfach durchzuführenden Test entworfen. Einfach ankreuzen (so ehrlich wie möglich) und am Ende die Punkte zusammenzählen. Viel Spaß!

In den letzten drei Monaten treffen folgende Aussagen auf mich zu (bitte immer nur eine Antwort ankreuzen):

Selbsttest: Wie gestresst bin ich wirklich?

Aussage	nie (0 Punkte)	manchmal (1 Punkt)	dauernd (2 Punkte)
Ich schiebe Erholungsphasen auf			
Ich bekomme zu wenig Anerkennung			
Ich fühle mich überfordert			
Ich mache Fehler			

Die 50 besten Stesskiller

Aussage	nie (0 Punkte)	manchmal (1 Punkt)	dauernd (2 Punkte)
Ich habe zu wenig Zeit			
Ich habe sorgenvolle Gedanken			
Ich streite mich mit anderen			
Ich trage große Verantwortung für andere			
Ich habe Versagensängste			
Ich muss einen guten Eindruck hinterlassen			
Ich muss mich bewähren, stehe unter Erfolgsdruck			
Ich bin sozial isoliert			
Ich mag meine Arbeit nicht			
Ich habe zu viel zu tun			
Ich komme nicht dazu, meine Fähigkeiten einzusetzen			
Ich muss mich mit neuen Situationen auseinandersetzen			
Ich habe mit vielen Menschen zu tun			
Ich habe erhöhten Blutdruck			
Ich habe Kopf- und/oder Rückenschmerzen			
Ich habe Magen- und Verdauungsbeschwerden			
Ich schwitze stark			
Ich schlafe schlecht ein oder durch			

ZELEBRIEREN SIE EINEN »TAG DER UNORDNUNG«

Aussage	nie (0 Punkte)	manchmal (1 Punkt)	dauernd (2 Punkte)
Ich bin erschöpft und müde			
Ich bin deprimiert			
Ich bin nervös			
Ich zweifle an mir selbst			
Ich bin lustlos (auch sexuell)			
Ich grübele nach			
Ich bin unzufrieden			
Ich bin unkonzentriert			
Mein Gedächtnis lässt nach			
Ich habe Mühe mit Neuem			
Ich bin ungeduldig			
Ich entscheide mich nur schwer			
Ich mache zu wenig Sport			
Ich esse unregelmäßig			
Ich rauche			
Ich kann nicht gut zuhören			
Ich bin frustriert			
Ich kann mich nicht kontrollieren			
Gesamtpunktzahl			

Die Auswertung ist einfach. Addieren Sie die Gesamtpunktzahl aus den letzten beiden Spalten. Je höher der Punktwert, desto höher ist Ihr chronischer Stresslevel.

Selbsttest: Wie gestresst bin ich wirklich?

0–26 Punkte
Alles im grünen Bereich. Damit das so bleibt, immer mal wieder einen Stresskiller aus diesem Buch anwenden. Ansonsten: weiter so!

27–55 Punkte
Sie sind chronisch gestresst. Unsere Empfehlung: Wenden Sie regelmäßig einen Stresskiller aus jeder der vier Kategorien an. Finden Sie heraus, welcher Stresskiller in jeder Kategorie Ihnen besonders gut liegt, und stellen Sie Ihr persönliches Stresskillerprogramm zusammen.

56–80 Punkte
Sie sind chronisch gestresst und burn-outgefährdet. Möglicherweise hat der Stress bei Ihnen auch schon gesundheitliche Spuren hinterlassen. Sie sollten Ihren Hausarzt konsultieren, um das auszuschließen. Neben der regelmäßigen Anwendung von Stresskillern aus allen vier Kategorien ist möglicherweise für Sie auch ein professionelles Coaching sinnvoll (siehe Nr. 47 »Buchen Sie eine Coaching-Stunde«).

SERVICE

Liebe Leserin, lieber Leser,
hat Ihnen dieses Buch weitergeholfen? Für Anregungen, Kritik, aber auch für Lob sind wir offen. So können wir in Zukunft noch besser auf Ihre Wünsche eingehen. Schreiben Sie uns, denn Ihre Meinung zählt!

Ihr TRIAS Verlag
E-Mail-Leserservice: heike.schmid@medizinverlage.de
Lektorat TRIAS Verlag, Postfach 30 05 04, 70445 Stuttgart, Fax: 0711 89 31-748

Die Autoren

Prof. Dr. med. Christoph M. Bamberger ist Facharzt für Innere Medizin mit Schwerpunkt Endokrinologie. Nach der Habilitation und Erteilung der Venia Legendi ist er seit 2003 Professor an der Universität Hamburg. In Deutschland war er der erste Inhaber einer Professur für Endokrinologie und Stoffwechsel des Alters. Seit 2006 ist er Direktor und Geschäftsführer des Medizinischen PräventionsCentrums Hamburg (MPCH) am Universitätsklinikum Hamburg-Eppendorf.

Dr. med. habil. Ana-Maria Bamberger studierte Humanmedizin mit Schwerpunkt Medizinische Psychologie und habilitierte 2002. Nach Ausbildung zum Psychologischen Coach ist sie seit 2006 als Coach am Medizinischen PräventionsCentrum Hamburg (MPCH) des Universitätsklinikums Hamburg-Eppendorf tätig. Sie hat zahlreiche Publikationen zur medizinischen Forschung in internationalen Fachzeitschriften sowie mehrere Buchbeiträge verfasst.

Bibliografische Information der Deutschen Nationalbibliothek
Die Deutsche Nationalbibliothek verzeichnet diese Publikation in der Deutschen Nationalbibliografie; detaillierte bibliografische Daten sind im Internet über http://dnb.d-nb.de abrufbar.

Programmplanung: Sibylle Duelli
Redaktion: Elmar Klupsch, Stuttgart
Bildredaktion: Christoph Frick

Umschlaggestaltung und Layout: CYCLUS Visuelle Kommunikation, Stuttgart

Bildnachweis:
Umschlagfoto: Corbis
Fotos im Innenteil: S. 1: Corbis;
S. 4: Murat Subatti – Fotolia.com;
S. 8: Crisferra – Fotofolia.com;
S. 16: Gorilla – Fotofolia.com
Die abgebildeten Personen haben in keiner Weise etwas mit der Krankheit zu tun.

Wichtiger Hinweis: Wie jede Wissenschaft ist die Medizin ständigen Entwicklungen unterworfen. Forschung und klinische Erfahrung erweitern unsere Erkenntnisse, insbesondere was Behandlung und medikamentöse Therapie anbelangt. Soweit in diesem Werk eine Dosierung oder eine Applikation erwähnt wird oder Ratschläge und Empfehlungen gegeben werden, darf der Leser zwar darauf vertrauen, dass Autoren, Herausgeber und Verlag große Sorgfalt darauf verwandt haben, dass diese Angaben dem Wissensstand bei Fertigstellung des Werkes entsprechen, jedoch kann eine Garantie nicht übernommen werden. Eine Haftung des Autors, des Verlags oder seiner Beauftragten für Personen-, Sach- oder Vermögensschäden ist ausgeschlossen.

1. Auflage 2012

© 2012 TRIAS Verlag in MVS Medizinverlage Stuttgart GmbH & Co. KG
Oswald-Hesse-Straße 50, 70469 Stuttgart

Printed in Germany

Satz und Repro: Fotosatz Buck, Kumhausen
gesetzt in: Adobe Indesign CS5
Druck: AZ Druck und Datentechnik, Kempten

Gedruckt auf chlorfrei gebleichtem Papier

ISBN 978-3-8304-6134-0   1 2 3 4 5 6

Auch erhältlich als E-Book:
eISBN (PDF)   978-3-8304-6218-7
eISBN (ePub) 978-3-8304-6204-0

Geschützte Warennamen (Warenzeichen) werden nicht besonders kenntlich gemacht. Aus dem Fehlen eines solchen Hinweises kann also nicht geschlossen werden, dass es sich um einen freien Warennamen handelt.

Das Werk, einschließlich aller seiner Teile, ist urheberrechtlich geschützt. Jede Verwertung außerhalb der engen Grenzen des Urheberrechtsgesetzes ist ohne Zustimmung des Verlags unzulässig und strafbar. Das gilt insbesondere für Vervielfältigungen, Übersetzungen, Mikroverfilmungen und die Einspeicherung und Verarbeitung in elektronischen Systemen.